浅斟低唱

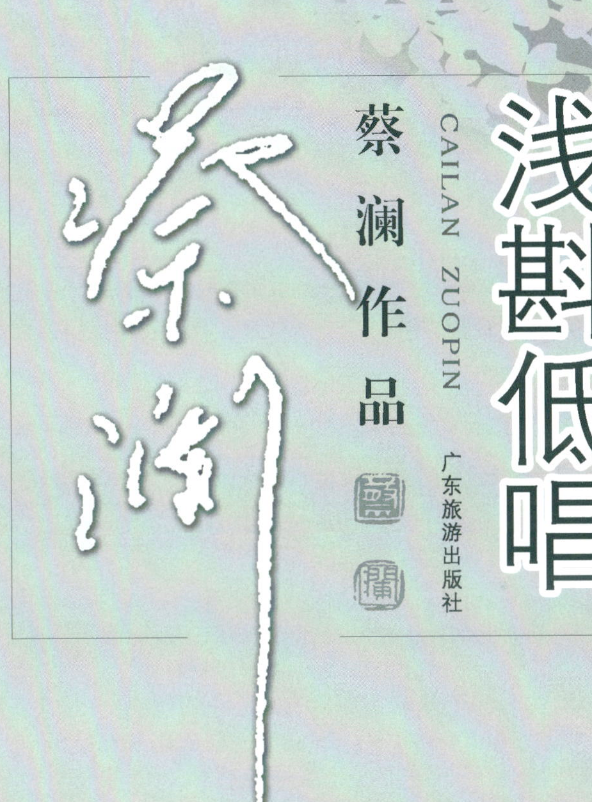

蔡澜作品

CAILAN ZUOPIN

广东旅游出版社

图书在版编目（CIP）数据

浅斟低唱 / 蔡澜著. -- 2版. -- 广州 : 广东旅游出版社, 2011.4

ISBN 978-7-80653-628-5

Ⅰ. ①浅… Ⅱ. ①蔡… Ⅲ. ①杂文集－中国－当代 Ⅳ. ①I267.1

中国版本图书馆CIP数据核字(2011)第031561号

声 明

●蔡澜作品简体字版由蔡澜委托广东旅游出版社在中国大陆独家出版。任何侵权行为本社将追究法律责任。

广东旅游出版社出版发行

（广州市中山一路30号之一　邮编：510600）

邮购电话：020-87347994

顺德区帝图印刷有限公司印刷

（广东佛山市顺德区大良凤翔工业园昌宏路32号）

广东旅游出版社图书网

www.tourpress.cn

850毫米×1168毫米　32开　6.375印张　54千字

2011年第2版第1次印刷

定价：18.00元

序

金　庸

除了我妻子林乐怡之外，蔡澜兄是我一生中结伴同游、行过最长旅途的人。他和我一起去过日本许多次，每一次都去不同的地方，去不同的旅舍食肆；我们结伴共游欧洲，从整个意大利北部直到巴黎，同游澳洲、新、马、泰国之余，再去北美，从温哥华到三藩市，再到拉斯维加斯，然后又去日本。最近又一起去了杭州。我们共同经历了漫长的旅途，因为我们互相享受作伴的乐趣，一起享受旅途中所遭遇的喜乐或不快。

蔡澜是一个真正潇洒的人。率真潇洒而能以轻松活泼的心态对待人生，尤其是对人生中的失落或不愉快遭遇处之泰然，若无其事，不但外表如此，而且是真正的不萦于怀，一笑置之。“置之”不大容易，要加上“一笑”，那是更加不容易了。他不抱怨食物不可口，不抱怨汽车太颠簸，不抱怨女导游太不美貌。他教我怎样喝最低劣辛辣的意大利土酒，怎样在新加坡大排档中吮吸牛骨髓，我会皱起眉头，他始终开怀大笑，所以他肯定比我潇洒得多。

我小时候读《世说新语》，对于其中所记魏晋名流的潇洒言行不由得暗暗佩服，后来才感到他们矫揉造作。几年前用功细读魏晋正史，方知何曾、王衍、王戎、潘岳等等这大批风流名士、乌衣子弟，其实猥琐龌龊得很，政治生涯和实际生活之卑鄙下流，与他们的漂亮谈吐适成对照。

我现在年纪大了，世事经历多了，各种各样的人物也见得多了，真的潇洒，还是硬扮漂亮一见即知。我喜欢和蔡澜交友交往，不仅仅是由于他学识渊博、多才多艺，对我友谊深厚，更由于他一贯的潇洒自若。好像令狐冲、段誉、郭靖、乔峰，四个都是好人，然而我更喜欢和令狐冲大哥、段公子做朋友。

蔡澜见识广博，懂的很多，人情通达而善于为人着想，琴棋书画、酒色财气、吃喝嫖赌、文学电影，什么都懂。他不弹古琴、不下围棋、不作画、不嫖、不赌，但人生中各种玩意儿都懂得其门道，于电影、诗词、书法、金石、饮食之道，更可说是第一流的通达。他女友不少，但皆接之以礼，不逾友道。男友更多，三教九流，不拘一格。他说黄色笑话更是绝顶卓越，听来只觉其十分可笑而毫不猥亵，那也是很高明的艺术了。

过去，和他一起相对喝威士忌、抽香烟谈天，是生活中一大乐趣。自从我去年心脏病发之后，香烟不能抽了，烈酒也不能饮了，然而每逢宴席，仍喜欢坐在他旁边，一来习惯了，二来可以互相悄声说些席上旁人不中听的话，共引以为乐，三则可以闻到一些他所吸的香烟余气，稍过烟瘾。蔡澜交友虽广，不识他的人毕竟还是很多，如果读了我这篇短文心生仰慕，想享受一下听他谈话之乐，未必有机会坐在他身旁饮酒，那么读几本他写的随笔，所得也相差无几。

每个人的朋友

成　龙

我愿意向所有人推荐蔡澜先生的书，完全因为他是我的好朋友。

最初因工作的关系认识蔡澜先生，一晃至今差不多有20年，我对他也更加了解，觉得每个人都应该有一个像蔡澜先生这样的好朋友。

和蔡先生一起工作有一个最大的好处是，他有本领把任何艰苦、无趣的工作过程变得充满惊喜，无论工作有多困难，在他手挥目送之下，任何难题都会变得微不足道，迎刃而解。

蔡先生读的书多，去过的地方也多，更难得的是蔡先生观察入微，触觉敏锐而常怀赤子之心，更天赋丰富的幽默感。每与他一起时，都喜欢听他说最新的时事和笑话，任何时事和笑话经蔡先生口中说出来，都比这些时事和笑话的本来面目有趣和好笑得多。而面对大是大非的国是与公义之际，蔡先生亦有其嫉恶如仇、择善固执、虽千万人吾往矣的读书人风骨。蔡先生对爱情的见解更是超脱独特，一句“因为爱得不够”，解尽爱情路上万千疑难。

蔡先生这些做事对人的高明看法，一一载在他所写的《蔡澜作品集》里。他的文字浅白优美，理路清晰、悲天悯人、感情丰富，可读性一流。无论报上书中看他述事写情，实是无上享受。在我们被现实世界挫折得身心俱疲、歧路彷徨之际，从最简单的今天穿什么衣服上班或今天晚上吃什么，或这个人值不值得去爱，到最严肃的应不应该留港建港，在蔡先生所写过的文字里，都有令你心悦诚服的答案。

人的一生往往被事业和爱情这两件事弄得疲累不堪，但友谊却是上天对人类的最大恩赐。对于满身伤痕的俗世凡人，友谊是抚平伤痕和重新注入动力的仙丹良药，而有蔡先生这样一个朋友的友谊，更可说是上帝特别的眷顾。

蔡先生分身乏术，不能做每一个人的朋友，但身边有一本蔡澜先生的书，也就等于有蔡澜先生这样一个好朋友在你身边。

目　录

太多的抱怨

又是吃吃喝喝

学做人

学老兰

新居的楼下，长着几株白兰，足四层楼高，比我在天台种的那三株，大百倍。

经过时不仔细看，不知道是白兰，因为它只剩下叶子，看不到花，但却有一股幽香，从何处来？

大概是长成的过程中起的变化。低处生花，顽童一定来干扰；全树开遍，则会引小贩前来采折。

白兰树的花，只让站在高处的人看见。

花生顶上，像长者的白发。

树干之大，根部之强，占着路边一席。

这棵白兰已不能连根拔起，移植他乡。

时代的进步，道路广阔的话，只可将它砍伐。

不然，老兰站在一旁，静观一切的变化，但愿人老了，像这一棵白兰。

老，必须老得庄严。

老，一定要老得干净。

老，要老得清香。

是否名牌已不重要，但天天洗濯烫直。衣着是对别人的一种尊敬，也是对自己的尊敬。

皱纹是自傲，但须根应该刮净，做一个美髯公亦可，每天的整理，更花费工夫。

修指甲，剪鼻毛，头皮是大忌。

最主要的，还是要像白兰那么香。

香不只是一种嗅觉，香代表不俗气。

切莫笑人老，自有报应。

人生必经之路，迟早到来。等它来临时，不如做好准备，享受它的宁静。

他人言论，已渐觉浅薄无聊，自己更不能老提当年勇，老故事亦不可重复。

最好是默默然地把趣事记下，琴棋书画任选一种当嗜好，积极钻研，成为专家。不然养鱼种花，不管它们的出处，亦是乐事。

人总得向自然学习，最好临终之前，发出花香。

绝倒

很多人以为我身边常有美女相伴，乐事也。其实有些美女不化妆，吓死人的。

不知怎样，她们总会变成脸色又黄又绿，别以为我在夸张，的确是青青的。

眉毛又不知道什么时候剃得短短，或者拔了一截，剩下两点，有点像日本古装片中的扮相，张开嘴不知是否满口黑齿？

一起工作的美女，有些是别人安排，并非自选，到了飞机场才第一次见面。

左等右等，终于一个女子出现，怎么看都不像明星，一定是保姆了，上前打招呼：“你是不是某某人的……”

好在对方听到一半，已经点头，高兴地：“我就是某某人，你一看就认出我了！”

不过相貌还是其次，和这些女子聊聊天之后，还觉得很容易相处，愈看愈顺眼了。最难消受的是全无反应的女人。

跟我们到国外出外景的一个，6 天之中，除了工作，整日躲在房里不出来。

“为什么不去购物？”我们问。

“这种地方能买到什么？”她说，“香港的货比他们都齐全。”

说得也是，再问道：“为什么不去酒店的健身房做做运动?”

“那些机械落后得很，做了扭到腰也说不定。”她又说。

“出去找东西吃呀!”我们差点放弃了。

“减肥。”她回答得干脆。

“这么多天，在房间里不闷吗?”

“不闷。”她说，“有书看呀。”

众人即刻肃然起敬，但是能迷得那么厉害的，也不会是《红楼梦》吧，那么一定是金庸小说了：“看哪一本?“射雕”、“鹿鼎”?”

她懒洋洋地：“带了两本《老夫子》，还没看完。”

画

7月要出一次远门，准备画些东西，须带一大盒油彩，一个画架。想起来，都是包袱，有点犹豫。

还是做女人好，她们的画布，是一张随身带着的脸。

至于颜料、粉彩、画笔等，都非常袖珍，一个皮包能装入，令人羡慕。

画皮再也不是《聊斋》中厉鬼的专利，现在的女人个个会画，技术高超。

在拍旅游特辑时，哪一位女明星嘉宾，由电视台安排，有时要到机场才知道是谁。

一次有个面黄肌瘦的陌生女子，站在航空公司柜台前，转过头来向我打招呼："我是某某人……"

"啊，你是某某人的保姆。"我正想那么说，好彩讲到你是某某人时即刻停下，因为她就是那个某某人。

这个像恐怖片中常出现的女人，第二天连早餐都不吃，等她出镜时，她还是那么仔细地一笔笔的作画。

走了出来，啊，完全变了一张脸，简直是艺术家的杰作，一个活生生的达文西蒙娜丽莎，向大家微笑！

怪不得画得那么好啦。天天练习嘛。一次花上三两个钟，多年岁月经验的累积，怎会不进步？而且她还是一个非常勤力的学生。

拍摄完毕，这女人即刻洗脸，还我真面目来，是一副没有眉毛，小眼睛、大嘴的相貌，肌肤渗透出绿色来。

“为什么那么快就下妆?”我打趣地，“花了那么多工夫，岂不可惜?”

“你是写书法的，难道每一幅字你都裱起来挂吗?”她懒洋洋地说。

这个比喻好像不太通，但又似有点道理，总之听了唯唯说是，俯首称臣。

满天星斗

不知道从什么时候开始，我变成所谓的“公众人物”，躯壳已不属于自己的。

做公众人物便要有义务，其中一项是对方会要求你和他们一起拍张照片。

当然很乐意地奉陪。

当今大众用的绝大多数是傻瓜机，本来随手一按，即成。但是很多情形，拍的人举棋不定，横拍直拍，距离远近，都犹豫了老半天，赶时间，催促起来又像在耍大牌，只有耐心地笑，笑到脸上肌肉僵硬为止。

如果是一对情侣或夫妇来合照，多数请侍者或路人来按快门。这些人扮专家，所选角度非常刁钻，时间花得更多。

前来合照者，必把我挟了起来，他们小时听阿妈或邻居八婆说：“三人拍照，中间那个早死，千万不能站在中间。”

我一把年纪，当然不要紧，又不迷信，毫不在乎，理所当然的事。

姿势摆好之后，好歹拍了，大多数人会说：“再拍一张，保险。”

或者：“再来一张半身的。”

结果全身、半身、特写。怎么拍，我还是笑嘻嘻的。

记得成龙教训的一句话："要就不做。做了，便做好它。他们是我们的米饭班主，能多一个是一个。"

有时遇到些美女，工作变成了乐趣，但拍照片和人生一样，不如意事十之八九。

只有低微的要求。有些一看到别人拍自己也一定要来一张的人，根本就不珍惜这个机会，还时常用手臂来搭膊头，做老友状。夏天穿麻质西装，干洗起来费用不菲，请千万别来这个动作。

到珠江三角洲，晚上看不到月亮，一群人的傻瓜机都自动闪光，拍完一阵子，满天星斗，美丽得很。

人类洁癖

愈来愈觉得自己患了洁癖。

不干净的东西我不怕，但是却一直想躲开不喜欢的人，这种洁癖，也是对人类的洁癖吧。

首先，我很讨厌人家一面讲话一面拍我。美女我不反对，对方是个男的，我一定逃之夭夭，那种被拍手拍脚的感觉，是极不舒服的。

我也怕那些把一件事讲两次的人，笑话也要重复，有的还要将同个故事说三次，非这般，对方听不懂似的。

声线有如鸟类尖锐，或像抽了大烟那么沙哑，也极难听。有时他们不讲话，也惹人反感，像不停地吸鼻涕。真想递包面纸给对方，让他一次过喷出，好过妳嘶啐嗦，稀里哗啦。

不断地咳嗽，我倒不在乎，感冒嘛，自己也常患这种毛病。

生鼻窦炎的，哼哼哈哈，我也能原谅，这是他们控制不了的，听起来不那么刺耳。

惹人反感的是坏习惯：当众弹指甲、挖鼻、抖腿的行为，本来可以更正的，为什么不去努力，一定要让对方忍耐这种丑态？

一直觉得人与人之间，应该有一份互相的尊敬。不管是长辈、同年或对年轻人与小孩。比我有钱或贫穷、知识高与低，都有这份尊敬存在。也许，这就是基本的礼貌吧。

不懂得礼貌的人，和一块肮脏的草纸一样，一接触，便得到传染病，拼命地去洗手。

遇到这种无亲无故的家伙，前来称兄道弟，或连姓带名地呼喝，我就得避开。

有时跑不了，唯有面对，用“不看”来消毒。

方法是不管他们问你什么，说什么，都微笑不答，直望着对方，望穿他们的脸，望穿他们的后脑，望到他们背后的墙壁。

别轻视这一招，用起来，甚致命。对方给你看得心中发毛，夹着尾巴垂下头去。洗涤污染，目的达到，一切恢复干干净净。

握 手

做公众人物，除了替人合照之外，还要做最基本的友善表现：握手。

握手最能看出对方的个性，有些人伸出手来，但在你握住时，对方敷衍一下算数。

我知道这种缺点，每次都很诚恳地，很够力度地把对方的手握一握。

很多时候感到对方的手是湿漉漉的、黏潺潺的、油油腻腻的，感觉十分之不愉快，像很多细菌爬了过来。

不过还是成龙兄那句老话："记得对方是米饭班主呀！"

握完了手，就到洗手间去。

找不到纸张或干风机，走出来的时候双手还是湿的，又遇见一位要来握手的人，只有说："对不起，还没擦干。"

发觉这是治退握手之人的好办法。

握了又洗，洗了又握重复又重复，自艾自怨一番后，还是笑嘻嘻的照握之。

邓丽君活着时，在"天香楼"遇到她，双手戴黑手套，从手袋中拿出面纸，把碗碟擦了又擦，已是很严重的洁癖症。

幻想自己也和她患了同一个毛病，我不知道有一天会不会那么神经质起来。

明知有手汗的人，为什么不自知之明地擦了一擦才和别人握手？也许，这个要求，是太高了呢？

很奇怪的，女人的手，比男人干净，握起来也爽快得多。但是女人要是不主动伸手过来，我绝对不先打招呼。连这种基本礼貌也不懂的女人，认识来也没用。美丽女人的手，更像从来没有流过汗。

从前在外国，遇到一个互相喜欢的女子，她伸出手来又缩了回去："刚洗过手，还是湿的。"

我看着自己伸出一半的手，不知怎么办。

她笑着说："可以握我其他地方。"

已晚

在内地的时候，一位年轻朋友问我："我想做一件又有意义，又能赚钱的事。你们香港人脑筋动得快，有什么建议？"

我斩钉截铁地回答："可以做环境保护的生意！"

"环境保护也能赚钱吗？"他诧异。

"你看朱镕基到外国，也不是要求他们将环境保护的技术卖给中国吗？那是大生意，只有国家与国家之间才能做，你可以做小的，有大把机会。"我说。

"什么是小环保生意？"

"比方说推销空间清净器，卖矿泉水、离子分化水、蒸馏水等等，也可以卖能溶解的包装袋和饭盒。总之回归自然，是一条大道。"

"我对这些完全陌生，怎么做？"他问。

"从现在做起，经十年，二十年，你已经是专家。参加别人的公司，熟识客人之后便自立门户，所有生意都是这样做起来的。"

"我们的人，没有环境意识，再造纸又太贵，这一行不容易做。"

"有哪一行是容易的？"我反问。

年轻人沉静了一会儿。

"你住的都市，看得到太阳吗？看得到星星吗？看得到晚上漆黑的天空、白天蓝色的天空吗?”

他摇头。

“满天星斗的夜晚，有时出现一条银河，美丽、灿烂，毕生难忘。”我说。

是的，他想起小时候在晚上抬头的情景。

“但是你的儿子，看过吗?”我问。

他又摇头。

“这是不是一份值得去做的工作?”我又问，“让你儿子看得到!”

“是，是。”他肯定。

回到香港，我举头，也已看不到星星了。我们香港人，是不是也可以走这条路呢?

余生已晚，你们努力吧。

送　稿

回到香港，家中报纸堆积如山，23 天未阅，读个通宵。报纸愈来愈厚，已非一晚能够消磨，看完每次都要去洗手，肥皂泡沫乌黑，说是已改良油墨质地，提高印刷水准，但到最后还是做了数夜"黑手党"。

终于在一个钟之前刨完，松了一口气，才肯坐下来写稿。

秘书已警告，明天一早不交，便得脱稿。当然马上写。我们这一辈子的人，答应过的事算数，怎么顶硬上都不会开天窗，而且现在人在香港，更准时。

过几天又要出门，出发前存多几篇，但长期的旅行，非在当地写，不够新鲜感。在意大利和法国途中，总是三更半夜拿到旅馆柜台去传真。有一次交出后就折回房睡觉，结果没传出去，差点闯祸。学乖了，耐心等待，夜班服务员终于拿了报告走出来。

那页纸是将第一张稿缩小了印影出来，上面的空位打出"已确定送出"的字眼，看到了才放心。

从拉斯维加斯传出，一页 20 美金，法国旅馆的消费也不菲，账单上总是几百法郎。付款时，总想起从前的才女专栏作家雇的士过海送稿的事情。与她们一比，现代科技算是又快又便宜了。

决定去买一个旅行用的传真机，棒球棍的上半节那么粗大，接上手提电话即可送去，就不必跑上跑下到柜台去发稿了。

读报时看到“作者外游，暂停一天”的文字，好生羡慕。在自己的例子，如果外游暂停，那可得一直停下去了。不知道稿费可不可照领？当年做《今夜不设访》清谈节目，我说的话最少，人家问我干嘛不太开口，我说片酬一样，说那么多干什么？哈哈。

开心企业

曾智华要我替港台的《晨光第一线》做节目。

“不行呀，到处乱走，不在香港的时间多。”我谢谢他的好意后拒绝。

“不必亲自上电台来，打电话就行。”曾智华说，“你去到哪里都不要紧。有手提电话，可以漫游的嘛。”

说得也是。想起从前在居间内或电话局中等长途电话的痛苦，不寒而栗。“什么时间打电话……”我还是不放心。

“星期一早上 9 点 15 分。”他说。

如果在外国，也是礼拜天的半夜，好吧，反正我可以随时睡随时醒的，怕忘记罢了。

“我会打给你的。”曾智华游说，“电话费由我们给。”

言下之意，是连车马费也不付了。好吧，好吧，反正香港电台的开支也是由我们缴的税，领他们薪水，像从左边裤袋放进右边一样。

“谈些什么？”我又问。

“天南地北，题材不限，我还替你的环节想了一个名字，叫开心企业好了。”他回答。

我最不喜欢谈话题材受限制，一有限制，好料也变成废话，那层心理障碍很影响情绪，像前一阵子的国语台中要我讲吃的，就一直骂自己没有摆足心机去做，星期一早上要上班最沮丧，说些欢乐的事来打打气，也是好事。

“时间多长?”我还是追问。

“5 分钟。”他说。

“5 分钟不够喉，但没有题材时又嫌拖得太长，可长可短如何?”

“杀你。”曾智华拍板。

想到下来的这几个月都要出国，新的一辑叹世界电视节目要录影，又被好友请去坐邮轮游俄罗斯，手提电话漫游一定不通，又要在酒店等电话了，真后悔答应。

乐　观

日本记者来港，对我说："蔡澜，一如你所说，一点变化也没有。"

"有什么变化?"我懒洋洋地，"香港人总要活下去。什么叫变化?"

"发生动乱就有变化!"他说。

我差点要用拳击其脑。

乘的士，司机大佬高兴地说："情势大好，香港有希望。"

"怎么看得出?"我问。

"坐的士人一多，都市就繁荣，我上星期带一家大小参加观光团到东京去玩，那边的的士空车可多着呢!"司机大佬说。

到菜市场遇小贩。卖鱼的说："买些龙虾去做刺身吧。不喜欢自己煮菜的话到餐厅去，鱼翅捞饭的日子又来了。"

卖报纸的老头说："生意不俗，已经有人会买两份报纸了。"

是的，记得报纸便宜的当年，一人一份是很寒酸的。当然，那时候的报纸只有薄薄的数张，买三四份来看绝不是问题，现在你同样地买那么多份，要有苦力的力量才抬得动。

和好友一早到街市的熟食档去饮茶，叫了一堆东西，吃得饱得不会动。

“要不要再来一杯鸳鸯?”茶店老板问。

“够了，喝不下去了。”我们说。

“我来请。”他说，“情势大好。”

众人议论纷纷，情势大好，挂在他们的嘴上，还添多了笑容，好友看看手表上的日历，说:“才过12天。”

是的，两个星期不到，香港人是乐观的，有这种乐观，才能渡过难关，多少次的经济不景，啪的一声便翻身。统治者变，香港人不变。香港人的奇迹出在香港人手上，抓政权的人不要忘记这一点。

狗仔队

我们这次拍摄意大利和法国，随行的有国泰假期的两名硬照摄影师，报纸和杂志各两位摄影和写文章的同事跟着。浩浩荡荡，我时常取笑他们是“御用”狗仔队。

狗仔队是自意大利人开始的，早在三十多年前的费里尼导演《甜蜜生活》中已出现过，观众和读者的好奇心促成，想出位的人也利用他们，互相生存，是文明国家必然的现象，要阻止也挡不了，不必去介意。

人出名，总需付出的代价，连王室也要作出牺牲，在巴黎的隧道上，设立一个金色的火把，是王妃车祸之地，让人凭吊戴安娜，略有名气人士，与她一比，算不了什么。

不知不觉中，因为有了电视节目，我本人也被列入了所谓的公众人物之流，也有资格被狗仔队跟踪了。

有一点好处，那就是我不遮掩自己的缺点，恶名昭彰，所以狗仔队对我一点兴趣也没有，反正我做的坏事都理所当然。

有一阵子，我住九龙塘区，早上散步，经爱情酒店，印度守门人士看到我都会说声早安，如果被狗仔队拍到醉眼走出来的照片，我的印籍友人也会为我辩护。

职业上，与美女来往，家常便饭。和某某喝咖啡饮茶，反应也不过是：“哦，他要开新戏，和她们谈剧本。”或者：“也许是要请她们到外国去拍旅游节目。”

反正，做什么都没有新闻价值，拍了浪费菲林，还要给编辑老爷大骂一番。内心里，我的确怕狗仔队，而且怕得要死。

这次旅行，带了一群年轻人，大家都喜欢到路边的麦记去吃汉堡，好在欧洲的麦记卖啤酒，我也跟着进去大喝三杯，其他一切拒绝去碰。走出来时，要是被狗仔队拍了一张，那么一世英名就此丧失，怕怕。

致　命

拍旅游节目时，去一家牛扒店，坐着，为了装麦克风，把和尚袋挂在椅子上，一下子不见了。

里面倒没有什么贵重的东西。护照好在留于旅馆中，也就处之泰然。上一趟在法国失后寻回，这次可没那么幸运了。

懊恼的是电子记事簿失踪，本来已将蓄入资料留在另一个机上，但新填入者来不及转过去，许多联络从此割断。

这也好，重新建立。想了一想，反而觉得轻松，有缘分的话，一定会与旧友碰上。我们太依赖资料储蓄，已不用脑了。当今的人都靠机器为自己服务，所以才会搞出千年虫的毛病来。

坐在电脑前面，一坐就是几个钟到十几小时，我们的身体将会慢慢萎缩。最后头愈来愈大，藏的知识多了嘛。结果会变成怎么的一个样子？看火星人就知道。火星人一定是用过电脑，才有那么一个大头。

近来有位犹太小子把民族传统习惯输入成一个网，全球犹太人都上去问东问西，客户愈来愈多，结果上市，成为巨富。

所以大家有样学样，以为一上网就能发财，众人都迷恋这个主意，2000 年的开始，将是一个贩卖情报的世界。

钱一赚，当然想赚得更多，只有整天和电脑泡，怎能不成为火星人呢？

你是说着玩的吧？友人大笑，电脑怎能有那么大的影响？不，不，不。我已经是一个受害者，一次在机场等个半天，完全是因为电脑坏掉，职员已经不会用自己的脑筋运作，整个机场瘫痪，无药可救。

好在失去的只是一本小小的电子记事簿和几个电话，不然给千年虫或其他更厉害的电脑病毒一侵袭，全部家产完蛋，那才致命。

表情

小朋友问我："我总不能填满那四百字的稿纸，不是太长，就是太短，怎么办?"

"这样吧。"我回答，"不如把那四百字分为四个部分，一个部分一百字。"

"你是不是开我的玩笑?"小朋友恼了。

"不，不，我是正经的。"我说，"文章结构，总有起、承、转、合，刚好是四段。"

"那不是太过刻板吗?"小朋友不服气。

"基本训练，总是刻板，所有基础，没有一样是有趣的。等到你成熟时，就起变化。"

"怎样的变化?"

"起、承、转、合。"我说，"可以变成合、转、承、起。或者任何一个顺序都行，只要言之有物。"

小朋友说："我明白了。如果将'转'放在最后，就变成了一个意外结局 surprise ending，等于你常说的棺材钉。"

"你真聪明，一点就会。"我赞许。

"那么每一段不必是一百字也行?"小朋友还想确定一下。

"那是打个比喻。"我说，"先解决你写得太长或太短的疑问。"

“但是有时还患这毛病呀!”小朋友说。

“那么，你宁愿写长一点。修改时，左删右删，文字更是简洁。”

“有时不知道要写些什么才好?”

“我也是一样呀。”我说，“所以要不停地观察人生，不断地把主题储藏起来。”

“有了主题有时也写不出呀!”

“那么你先要坐下来，坐到你写得出为止。这也是一种基本功，最枯燥了。写呀写呀，神来之笔就会出现。”我说。

小朋友不太相信，露出像我开始写的时候，不太相信前辈所讲的表情，我笑了。

味

女友问我："男人心目中的女人味是什么？"

我回答："会发生三种现象。"

"哪三种？"她问。

"第一，"我说，"即刻令男人有性的冲动，马上想和她上床。"

"太直接了吧？"她说，"也太过简单，怎么只有性，没有别的？"

"你问的是男人的观点，男人就是那么直接，女人不懂。"我说。

"好，那么第二呢？"她又问。

"第二是令男人觉得其他女人失色了。"我说，"一直想在她身边流连。得不得到她，不要紧。"

"好像能理解。"她说，"那么第三种现象呢？"

"第三，是虽然不肯离开她，但是又要离开她。有女人味的女人，令男人自惭形秽。"我说。

"好在我没有。"她拍拍胸口说。

我想说："我的目的，就是讲这句话。"但是没有开口。有女人味的很寂寞，多数因为寂寞而给男人追到手。

"气质呢？"她问，"什么叫气质？"

"和女人味一样，有女人味就有气质，发生的现象，也相同。"

"是不是可以培养出来的?"

"一半，一半。"我说，"天生下一副懒洋洋的个性，也造成女人味，不是后来可以学习得到的。"

"那么什么是男人味?"她问。

"男人味发生的现象，只有一种。"我说。

"那是什么?"她追问。

"令女人暗恋一辈子，永远开不了口告诉他，就是男人味。"我拍拍胸口说，"好在我也没有。"

走 眼

每次搬家，都后悔此生购物太多，不知如何抛弃。

但是有些赏心悦目的，带来的欢乐无限，像眼前的这个烟灰盅，白底蓝花，而蓝色的变化无穷，工又很细，虽然出自匠人的手艺，但不逊艺术家作品，从土耳其买回来的。

到底是花了多少钱？已经忘记。贵是贵了一点，因为购入当时，犹豫了一下。如果在那刹那间没有下手，就得不到如今的快乐。所以购物，非心狠手辣不可。

看到了即刻动手，要不然，回头给人家买去。或者对自己说：等一下才来买。往往会发现等一下已没有了时间回头，这个等一下，是欢乐的杀手。

东西是否有价值，这不是最重要的问题。没有价值的东西，才是最好玩的。

“总得有一个衡量呀！”有人说，“你教我一个购物的标准好不好？”

勉强的答案是这样的：以一天的报酬计算。

这张地毯要花一个月的工夫去织，如果你觉得很喜欢，那么花 4000 块去买就差不多。因为在香港一个人的最低月薪有 4000 块，这已经是够本，万一它有历史或艺术的价值，那是额外的收获。

“人家那边的平均薪水最多是 2000 块！”友人指出。

是 2000 或 3000，你一计算，已经迷惑，就买不下手了。以香港报酬作为标准，至少是人权尊重。

但是也买了不少废物，有些东西在当地当时看来有趣，冲昏了头脑买下回家一摆，就知道是丑恶的，那么就快点送人或丢掉。

也不必为了花那么多钱而可惜，走眼的例子总有的。人生最大的走眼，大不过身边的先生，或太太。

听

"还是温室长出来的水蜜桃好吃。"有些人主观之强，不容其他意见。

如果你说树上熟的更佳，那么这场争论将是无完无了。何必呢？上帝，原谅他们，因为他不知道他们做些什么。他们没有吃过树上熟的水蜜桃。

我们这些惯于旅行的人，一看就知道带进飞机的手提行李是否合规格，但是有些人一定要强辩他们的超大皮包会过关。好，这是你们的事，为什么要好言相劝？

云丝顿比万宝路香，有人说。我总是笑：你抽你的，我抽我的。不然吵得老半天，才发现对方是不会抽香烟的，才把你气死。

经验告诉我，听总比说好。任何事，什么意见，只要不干扰我的生活，我笑着听。

一发表意见，短处缺点一暴无遗。

"还是菲律宾好玩！"他们说。

菲律宾是不错，但你们有没有到过威尼斯？解释水乡的美，是时间的浪费。

"鱼还可以吃生的，猪肉生吃？你不怕肚子生虫？"他们指出。

庞马的生火腿，配上蜜瓜，天下绝品。向他们说，是夏虫曰冰。

最怕听到人说这种化妆品好，另一个说不，不，不，那种更好。两人在争辩的时候，我就走开。

相异的意见可以容忍，但是到了影响自己，另当别论。像大家坐在一辆车上，阿猫说这条路比较近，阿狗说另一条是捷径，但我知道第三条路最直接时，就不能听了，这种情形之下，我一声命令："走这条!"

不关重要时，我笑着听，有些人被我笑得心中发毛，大声问道：你笑什么？我心中说：笑和你老母做那件事，但还是依然地笑，一声不出，照听不误。

胜任

一个认识过的人忽然有了新主意，说："约某某人出来吃个饭，叫他帮手！"

我在一边听了毛骨悚然。

请教于人，是好事，我并不反对。但是那轻飘飘的"约出来吃饭"，好像有随传随到的口吻，恐怖得很。

又非亲非故，人家为什么要让你请呢？

吃一顿饭，至少得花个两个半钟，之前的沐浴换衣时间呢？好像人家没有饭吃，坐在家里等待你这一餐。

抱着广交结缘的心理，我依然赴约。能把自己懂得的东西传授给别人，也是乐事，但是主人家迟到的经验告诉我，自己已经精疲力竭，再也没有条件作夜夜笙歌的应酬。

友人有事，当然随时拔刀相助。一般会约在办公室中商讨，等待起来，也可以传传真，写写信，做一些未完的工作。

因为要写稿，中餐则到处钻，发掘一些餐厅来介绍。所以中午这段时间我很忙，而且试菜总不能拉着几个朋友到处乱走呀。

晚上则希望能看看报纸、电视新闻，租张影碟欣赏电影，然后阅读一些新书。睡几个钟头，清晨起身写稿。一去陪别人吃饭，这个生活规律受到干扰。赶起稿来，压力甚重，就写不出好东西。

其实我由早上6点到10点这段时间最为空闲，什么都不想做，拔几朵白兰花放在口袋里，就出去散步或逛菜市场。

“怎么老是约你不到？”友人说。

我回答：“行呀，我明天，早上7点钟在九龙城饮茶。”

“那么早？”朋友抱怨。

听后微笑，记得年轻时，为谈成一件事，在对方门口苦等一夜的情景。可惜当年没有狗仔队，要不然一定胜任。

会

“原来你们会看月色，又能预测天气，真是了不起！”知识分子到了田中，感叹农夫们的本事。

老百姓耸耸肩：没什么了不起的呀。

所谓学问，学学问问，就学会了嘛。最怕你不愿去学，不肯去问。

学了问了，就变成知识分子。但是知识分子最大的毛病，莫过于以为自己了不起，学会一样东西，听到一个事件，马上就炫耀出来，大声疾呼：我会这，我会那。

真正学会的人，却像农夫一样不出声，耸耸肩：没有什么了不起。

像画画，从素描开始，不停苦练，学会了写实之后，再进入写意，最后完全地抛掉，画出儿童画一样天真的作品。

像写字，从临碑帖开始，勤摹名家，最后创出自己的字体，却要有很深的基础才行。

不单是艺术，做买卖也一样，善于经营的人，都不自叫：我会做生意！

这等于律师说：我懂得法律！

律师不懂法律，做什么律师？

凡是自吹自擂的人，一定自信心不强。最低能的，莫过于有些医生说：“我医好某某人。”听到这种话，最好别找他。

也很少听到知识分子说："我看了这本书，又看了那本书。"

只见他们发表文章：攻击这个人，批评那个人。懂得一点毛皮，即刻引用。

自以为是知识分子的人，包袱太大，是假的知识分子。如果要批论，只能说出一个观念的正确与否，专门对付一个人，是没有自信心的表现。

"原来你会写文章，真是了不起！"有人向我这么说。

我只是写，每天写，不知道会不会。

海盗

被内地“海盗”的书，我自己去顺德各家书店找不到，结果由天地图书的刘文良先生替我弄来一本。

封面设计改了一个变形的裸女，还有耻毛，因为出自毕加索手笔，算是艺术，当然也是“海盗”回来的。

题字还好，用回我父亲蔡文玄的墨宝，两方图章，是我刻的，左上角有着我的旧照，还是彩色的呢，一切未走样。

小标题由出版社加上，即见深浅，写着“香港蔡澜随笔散文精品”，什么叫随笔散文？随笔就随笔，散文就散文，从来没有听过四个字一齐用的。

内页有一篇叫蔡澜文集首版引言的文章，把作者捧得上天，令我飘飘然，最中听的是：他的文章，在功利的香港，除为他挣到高消费的昂贵开支之外，迄今尚无定评……

即刻把我打回地狱，由美梦惊醒，是文章之中讲得最好的一段，佩服佩服。

看目录，原来是由《忙里偷闲》和《玩物养志》两书合并成一册的。内地书不是很厚，便当成分量不够，这也能理解的。如果能把那数十本合订而成，说不定可以成为《约翰·克利斯朵夫》或是《静静的顿河》、《战争与和平》等级。哈哈。

当然由繁体字改为简体，而且是由直排变为横排。值得欣慰的是，英文字的排版相当严谨，没什么错字。这系列一共出了 15 本。

最后还录了一篇刘天赐访问我的文章，记不得是哪一本杂志中盗来。

“告他们嘛！”朋友说。

怎么告？写的只有华人文化出版社，印刷是新鸿印务有限公司，没有地址电话，还卖 15 元 8 角人民币，本钱大概是 3 块 8 吧，利润不薄。喂，出来请一顿饭总可以吧？

光 荣

最近有位新加坡读者写文章骂我。读后一笑，觉得任何事都有不同的观点。至少，好过一点反应都没有。

这位读者不满意的是我的一篇叫《罗衣》的散文，认为我说戴金表和钻石表是俗气说得不对。好，你喜欢戴金劳，就去戴吧。

不过，我没说过全部戴金劳的人都是下里巴人，你自己戴，又自己以为是下里巴人，那也随你便，嘻嘻。通常，我对一些恶意的攻击是不理会的，也阻挡不了。我常说这是走路不小心，踩到一团狗屎，懊恼归懊恼，总不会拿一块石头去扔它发泄，这么一做，更是粪花四飞了。

抨击我的人，招数有限，不外于说我是咸湿佬（好色之意），拍过三级片。

第一，好色是人类的本性，我感到自豪，高兴还来不及。差就差在谁敢做，谁敢讲出来。是的，我咸湿，我认了。但也不至于弄到会逢女人都去碰的。

老友方太举的例子最好，一次她主持《生活广场》节目，有位现场观众问她，你是蔡澜的朋友？方太点点头。那个八婆说："但是他是一个咸湿佬呀！"

方太听了笑笑："他咸湿，也看人，像你这种，来世吧！"

第二，只举我拍三级片的例子，我在电影圈拍戏 40

年，监制过的电影连我都不记得，为什么不举《快餐车》、《龙兄虎弟》、《霹雳火》、《何日君再来》等等，一定要举些三级片？40年来，我拍过三四部三级罢了，还能让大家留下印象，也不错。看得懂的，已不是小孩。反正我百恶不侵，四五六七级也照拍，问你死未？

如果对方再有什么高论，恕我不答了。对你的意见说几句话，已没有当你是狗屎。你应该感到光荣才是。

阅 报

发生在我身上的一件痛苦事，是等报纸送到。

大清早起身，第一件要做的就是打开门看报纸来了没有。明明知道不会那么早的，但总要确定一下才甘心。

读报的习惯已经数十年，不见此君便像身上少了一件东西似的，很不舒服。虽然有电视新闻代替，不一样就不一样。

好吧，别订了，不必让人家送来，下街去买好了。但是不订报纸，遇到外游，秘书忘记替你买个一两天，岂能甘心错过？而且时间宝贵，这一去一回至少要花 1 小时，还是在家里做其他的事好。

现在报纸已上网，本来可以在荧光幕上一早阅读的，但是感觉是不同的，读报纸要摸着它，一页页地掀开，才像样。

人类阅报的姿势非常好看，双手一张，脚一跷，年轻时近看，老来像关公一样拉远，动作很大，够气派。读上网报纸，像电脑痴儿，小里小气。

每搬一次家，第一件事是打听哪个报贩送报送得最早，有些是 8 点多，早一点 7 点多，都太迟了。下次找房子租，6 点左右的派报服务，方是首选。

因爱报纸，连报贩也感亲切，派九龙城“茗香茶庄”报纸的老兄，十分辛勤，并不把报纸扔在店口，每天恭恭敬敬地交到掌柜处，还来一声早安才走。下大雨，此位仁兄全身湿透，但保护报纸的干爽。今天他不来，儿子代替，礼貌地依足他父亲的传递，看得爱得要死。

基本的香港人，都是那么单纯和勤劳。看到这些人，对将来才抱着希望，我们千万别忘记从前大家都是这样的。当官的是何许人，朝代换了没有？并不重要。

最

读者们最喜欢问我的问题，都和“最”字有关。

什么是“最”好吃的？什么是“最”好喝的？哪一家餐厅“最”便宜？你“最”喜欢哪一个作家？为什么“最”喜欢背这个和尚袋？

这个“最”字“最”难回答，因为我的爱好太多，尝过的美味也太杂，很不容易一二三地举出例子，而且对其他的“最”也很不公平。

什么是“最”呢？从比较开始。没有“最”便宜的，就没有“最”贵的了。

通常以价钱来衡量，是“最”俗气的办法，是暴发户的标准罢了。

一只辣椒不会贵到哪里去。但什么是“最”辣的辣椒呢？也没有标准，辣味不能用斤两来衡量。“最”后，还是用比较了。

把普通的辣，像酿鲮鱼的辣椒定为0级，一直加重，泰国指天椒不过是排行第六，“最”后的夏威夷灯笼椒，才是十。

味道如何？女记者问我。

不试过怎么知道？那种辣法根本不能用文字来形容。

我常回答她：“像须后水。”

“须后水？”她大叫，“须后水和辣椒扯得上什么关系？”

“不是须后水和辣椒有什么关系，是和你有没有试过有关系。你们根本没机会剃胡子，怎么知道哪一种须后水最好？”

从一个“最”字也能看出对方的水准。像我“最”爱看《老夫子》，和我“最”爱看《红楼梦》，就有“最”大的差别。

“最”字和“渐”字一样，是渐进式的，渐渐地，你就知道什么是最好的。这是在不知不觉中得到的成果。

等到你能确定什么是“最”好，你已经是“最”老。

活 着

“你做那么多事，一定从早忙到晚！”认识我的人那么说。

也不一定，我有空闲的时候，有时一天什么事不做。慢慢梳洗、阅报、看小说，饿了煮个公仔面吃吃，逍逍遥遥。

香港人忙来干什么？忙来把时间储蓄，灵活运用，赠送给远方来访的友人。

返港后，刚好遇到好友过路，我陪他一整天。反正现在有手提电话，急事交代几句，轻松得很，没什么压力。

通常都会睡得迟一点，可惜这条劳碌命不让我这么做，5 点多 6 点就起床，到阳台看看，今天又长了多少朵白兰花？

散步到菜市场，遇相熟友人，上三楼去吃牛腩捞面之前，先斩些叉烧烧肉，吃不完打包回家，中午炒饭，又派上用场。

应该做的零星事，像把眼镜框修理好，手表的弹簧带断了，快去换一条新的？头发是否要剪？脚甲到时候修了吧？

乘今天多写点稿！这么一想，所谓的悠闲日便完全破坏，心算一下，这份报纸还有多少篇未发表？那本周刊有几多存货？可免则免，宁愿其他日子捱通宵，也不想在今天做。

是替家父上上香的时候了，将小佛坛的灰尘打扫干净，合十又合十。

是打个电话去慰问家母的时候了，啊！啊！没事吗？没事最好！燕窝吃完了吗？下次带去。今天是赶不及探访了。

篆刻书法荒废已久，再练一练吧？把纸墨拿了出来时，改变主意，还是继续画领带好。一条又一条，十几条之中，满意的只有一二，也足够了，明天上班结上。

“你还要上班吗？”友人问。

不上班，怎么知道礼拜天可贵？不偶尔偷懒一下，活着干什么？

换父母

杂志编辑来电："我们要改版，你是否可以改变作风?"

我战战兢兢地回答："要是读者看厌了，不如停一停吧。"

"我不是说读者不爱看，我是说一种方式维持太久，就不新鲜。"老编辩论。

"那么你有什么建议呢?"

"可以说个故事，讲个笑话呀!"

我抓抓头皮："我写的，就是这些东西呀。你看不出吗？那真的要停一下了。"

"没有人叫你停!"编辑大叫。

"那请你具体一点，说出缺点来。"

"没有人说你的东西有缺点，只是……只是，总之更换新方式，新作风!"

"我的作风，辛辛苦苦，花了几十年才建立起来的呀。"我说，"这一把年纪了，要重新建立，恐怕来不及了吧?"

"换一个方式来讲。"编辑说，"比方一个老婆天天做一种菜，总会吃厌的。"

"真是说得有道理。"我明白了，"你是叫我换老婆吗?"

“没有人叫你换老婆，比方罢了！”编辑又大叫，“总可以交多几个女朋友！”

“好极了。”我说，“你介绍些来！”

“去哪里找来介绍给你？”

我懒洋洋地：“我说的，也只是比方罢了。你想得出怎么变，我就变给你。”

编辑哑口无言。我继续说：“作者和读者之间的关系，时间一久，成为亲人，也许会觉得单调，但已有了血缘，不是夫妻那么简单，是父母了。你要换掉你的老窦老母咩？”

“转个话题吧。”他最后说。

“正好。不如谈谈稿费，已有好几年没加一毛钱。”我说。

对方挂掉电话。

狂　言

有晚喝醉了，上一个以为没有什么人听的电台节目，口出狂言。

“你常介绍的一些餐厅，说怎么好吃怎样好吃，我们去了，不过如此。”主持人说。

“手指也有长短呀，”我说，“我去的时候是好吃的呀，你去了没那么好，那是你不够班。”

想不到这句话传了出去，我自己感到不好意思，真是说得过分。自己又算是老几？愈想愈羞耻。做人做得我那么自大，一定是自卑感在作祟，非改正不可。

一对好朋友，没有结婚，同居在剑桥道上，常到九龙城去吃饭。

九龙城的食肆，有些将我在《壹周刊》写的食评放大了贴在橱窗玻璃上，这倒是事实，并非自吹自擂。

好朋友走进了一家，依足我推荐的菜式点了一些。

吃完，觉得不是味道。

朋友在电影圈中也有些名气，他的情人更是模特儿界的宠儿。

老板走过，看见桌上有剩菜，问道：“怎么啦，不合你的胃口吗？”

朋友娓娓道来：“蔡澜有一次上电台节目，主持人问他说你去的餐厅就好吃，我们去的就不好吃。”

“他真的那么讲?”老板说。

朋友又慢条斯理地:“你知道蔡澜怎么回答?他说那是我们不够班呀。老板,你说我们是不是不够班呢?”

“不,不,不。”餐厅老板即刻打躬作揖地道歉,又送豆浆又送汽水,答应下次来一定好好招呼,以补不足。

朋友后来把这故事告诉我,我说:“这一招真管用,说的时候带点委屈,效果更佳。”

筷　子

说什么，也是筷子比较刀叉和平得多。

我对筷子的记忆是在家父好友许统道先生的家开始的。自家开饭用的是普通筷子，没有印象，统道叔家用的是很长的黑筷子。

用久了，筷子上截的四方边上磨得发出紫颜色来。问爸爸："为什么统道叔的筷子那么重？"

父亲回答："用紫檀做的。"

什么叫紫檀？当年不知道，现在才懂得贵重。紫檀木钉子都钉不进去，做成筷子一定要又锯又磨，工夫不少。

"为什么要用紫檀？"我又问。

父亲回答："可以用一世人用不坏呀！"

统道叔已逝世多年，老家尚存。是的，统道叔的想法很古老，任何东西都想永远地用下去，就算自己先走。

不但用东西古老，家中规矩也古老。吃饭时，大人和小孩虽可一桌，但都是男的，女人要等我们吃完才可以坐下，十分严格。

没有人问过为什么，大家接纳了，便相处无事。

统道叔爱书如命，读书人思想应该开通才是，但他受的教育限于中文，就算看过五四运动之后的文章，看法还是和现代美国人有一段距离。

我们家的饭桌没有老规矩，但保留家庭会议的传统。

什么事都在吃饭时发表意见，心情不好，有权缺席。争执也不激烈，限于互相的笑骂。自16岁时离开，除后来父亲的生日，我没一家人同一桌吃饭了。

说回筷子，还记得追问："为什么要用一世人，一世人有多久?"

父亲慈祥地："说久也很久，说快的话，像是昨天晚上的事。"

我现在明白。

混

蔡家多了一个韩国媳妇。

抱在怀中的侄儿蔡晔，忽然之间已是适婚年龄，在日本留学时遇到一位汉城来的同学，面貌身材皆佳，拍起拖来，不出数月，已论婚嫁。

起初以为是说着玩的，蔡晔不同他的父亲蔡萱，老爸没多少次恋爱就结婚，儿子却是情场老手，女友换了一个又一个。不过，终于逃不出这个野蛮制度的魔掌，注了册。

韩国太太好在不是日本长大，不然便会变成新人类，这年代的日本少女大乱，好吃懒做，没什么道德观念，如果以为日本太太最好，那是大错特错。

韩国还是女人多，没地位，所以听话。侄儿的老婆懂得服侍先生，是他的福气。

我弟弟蔡萱早年也留学日本，娶了一个日本太太，儿子蔡晔是中日混血，由家父取了一个“晔”字为名，日华交配后所产之物。现在他又娶韩国老婆，今后儿女将有中韩日三国的血统，家父已仙游，不必担心怎么取名字了。

蔡晔的妹妹蔡珊，也同时在日本留学，认识的是一个美国人，如果也论婚嫁，到时蔡萱一家将又有中日美的后代了。

血缘不同，用的语言都一样，蔡萱太太已能操一口流利的华语，连潮州话也学会。他们一家又可以用日语交流，没有语言的障碍，所以冲突不多。

通常婆媳之间总闹得不开心，蔡晔的韩国老婆讲的日语，和日本人一样，家婆很爱惜她，像爱她养的猫一样。

家里现在已有32只猫儿，朋友抱去一些，又生一群来补数。

猫儿依足蔡家传统，混了又混，波斯、泰国、土产，混得不清不楚，能和蔡家媳妇斗混的，只有猫。

谢　谢

作为专栏作者，最痛苦的事莫过于想不出写些什么。有了主题，提起笔不难。

所以回答读者的文章最轻而易举，至少有个目标。同文在专栏上这么做，我并不反对，毕竟天天要挤出东西来写，是痛苦的经验。我切身了解。

与其在专栏中回答读者的来信，不如将他们的观点当作主题，发挥成一篇完整的文章，这么一来便有说不完的灵感。

但是自己做不出，总有一点不好意思的感觉。如果要回读者，干脆弄个南宫夫人信箱，写个饱为止。又能赚稿费，何乐不为?

自从我们的栏底都出现电邮地址，收到的信就不少。觉得输入中文电脑是件苦差事，便偷懒地让读者将信传到博学堂去，他们把问题打印在纸上传真过来，我回复后又传真过去，他们再输入电脑电邮给读者。

过程虽然繁复，但减少我很重的负担，在此再三地感谢博学堂。

最近我登了个广告说举行旅行团，不少读者电邮询问，我回答了一封公式性的信。博学堂只要在同个键上按多几次，便能一口气电邮，大家都方便。

有些读者信是寄到《苹果》、《壹周刊》和“天地图书”再转给我的。那我只有挑选来回复，不像在电邮中有问必答。

上一阵子写了一篇关于儿童和色情刊物的文章，收到好几封卫道者大骂特骂的来信，我只好不复了。要是他们用的是电邮，我则会说：尊重你的意见，但也请你尊重不同的看法。

再按一按键，同个答案回复所有的批评。

电邮读者多数是寂寞的，发表起意见长篇大论，回答时最好是精简，最经典的答案，是“谢谢”二字。

太多的抱怨

采花大盗

木兰花盛开的季节又来临。

浓淡恰好，那股幽香，令人难忘，是我最钟意的花卉之一。

侯王道“张贵记”的大家姐，知道我喜欢，送了我一盆，数未开的花蕾，那么小的一棵植物，至少有数十朵之多。

放在阳台上，每天勤浇水，它回报地按日微开三四朵给我，摘下放入T恤衫的口袋，香一整天，比古龙水尤佳。

清晨散步，发现家居附近也有一棵木兰，虽然没有香港大学门口的木兰树那么大，也开得像天上星星之多。

没人采摘，花瓣如爪散开，便失去香味，落得满地，着实可惜。此树一半长在公寓的停车场里，另一半伸出到街头。后者的低枝上已不长花，前者则随手可拈，决定乘没人看管进去偷之，做个名副其实的采花大盗。

忽然，冲出条黑狗，大吠几声，我见逃走也没用，便站直让它来咬。这条狗反而静了下来，在我的裤管上嗅了一下，我还以为它会提起后腿，撒一泡尿，好在它闻后转头走开，再也不理我。

记得在南斯拉夫时偷采苹果的情景。当地人说只要自言自语地说三声谢谢你，便采之无罪。照做，采了数朵。仔细观察，此树花蕾属于特大种，比家中盆栽者大一倍，味更浓郁。

台湾人勤劳，踏一脚车，车前放着藤篮，把采到的木兰花拿来贩卖，为什么我们不照做呢？香港的木兰巨树甚多，付些本钱给大树主人，采个千朵，用条很细的铁线将三四蕾串起来，上面打一个圈，刚好可以挂在胸前的纽扣上，每串卖个 5 块钱，亦为可观数字。说什么也比绞脑汁好，决定改行，学顽童爬树摘之，大盗变为正业，卖花去也。

无泪的日子

年轻的时候，得不到爱，便是恨，黑白分明：

你不跟我睡觉吗？那你是爱我不够深。好，永远不见你。男的说。

你连爱我都不会说一声，你追求的只是我的身体。好，我绝不给你。女的说。

为什么不能等呢？再等多一阵子，人就是你的，但大家都心急，其实不是心急，是不懂得珍惜感情。

这是教不会的，无经验的洗礼，怎么聪明的人，都不懂得爱，只会破坏。

到了了解什么是爱的时候，我们对人生开始起了怀疑，而且逐渐不满。一不小心，便学会讽刺它，沉迷在绝望中，放弃宗教和哲学的教导，变为尖酸刻薄，即使爱再到面前，也让爱溜走。

令我们开心的事愈来愈少，让我们垂涎的食物已是稀奇。

不过，我们也没那么懂怒了。

已知道骂人结果自己辛苦，动气是伤神伤身。看不顺眼的，还是不发表意见，反正不是一个人的能力可以扭转乾坤，想一笑置之，但又恨不消，唠叨又唠叨，在年轻人的眼中，我们是长气的。

但愿自己能像红酒，愈老愈醇。一股香浓，诱得年轻人团团乱转。一切看开、放下，人生豁达开朗，那有多好！

想归想，到头来还是做不到，只能羡慕，只能羡慕。

在这个阶段，家族、朋友，开始一个个逝去，我们一次又一次地哭啼。

泪干了，所以我们不哭。

年轻时，欢笑止于欢笑，对笑的认识太浅。到现在才知道真正悲哀时，眼泪是流不出来的。眼泪，只有在笑的时候，才淌下。

蝉

从公主道到尖沙咀，靠近隧道口时，听到一阵强烈的蝉鸣。

叫得那么厉害！成千上万的蝉一起叫，震人耳。每次，我都听成：夏天了！夏天了！蝉像能说人话。

馋嘴的我，第一个反应想到吃。年轻时在日本尝过蝉味。一个大汉拿了一枝棒球棍，向小一点的树身大力一击，丛叶中掉下数十只蝉。拔了翼，就那么烤来吃，香得很。

泰国菜中也常以蝉入菜，放进石臼中，加了指天椒、小茄子和鱼露，大舂特舂，做出紫颜色的酱，拿来蘸青瓜、生豆角和柳叶吃，味道鲜美得不得了，连最单调的生蔬菜都变成上等佳肴，吃个不停。

广东人一向吃开桂花蝉，用盐焗，大多数人是拿去炸，再撒点盐充数。原料的蝉很香，焗和炸都不要紧。

查良镛先生的太太很喜欢吃桂花蝉，每次见到，都兴奋地说："当年吃龙虱，两毛钱一大堆；吃桂花蝉，一只就要五毛钱。"

有一次我们在镛记吃饭，提到桂花蝉，老板甘健成先生说："刚有货到，来几只试试如何？"

众人大喜。

桂花蝉上桌，吃起来果然很香脆，回到60年代的日子，大家都变得年轻。

蝉的那股香味久久不散，甘先生又说：“有没有听过蝉香水？”

真稀奇。他拿出两小瓶来，一闻，特别得很，非常有个性的香味，要是给法国人发觉了，一定大量生产，还是不告诉他们为佳。

世界上能制造香水的，除了花朵之外，只有抹香鲸、麝尾巴和一种水獭的睾丸，比起这些东西，蝉的香水，没那么恐怖。

保护动物昆虫的朋友请别紧张，夏天那么多蝉，全球皆是，不会因这篇文章而绝种的。

记 性

记性，和性机能一样，随着年龄而衰退。

小时候，朋友的电话号码，一记就是上百个。渐渐地，需要一本电子簿代劳。当然，从前的电话号码只有6位至7位数字，不像今天的IDD，一打就10位以上，但是即使当年那么长，也至少可以记得数十个吧。

起初，是从出门时忘记带这个、忘记带那个开始的。约会时间已快到，赶着出去，又要掉回头拿东西，让其他人焦急地在电梯口等，以为终于能够出发，另一样又忘了。

记性愈来愈差，刚刚放下的东西，一瞬间就找不到。翻个半天，一次又一次地拉抽屉，搜衣柜，连厨房也查过，不见就不见。总不会放在洗手间吧？镜子中看到自己，那副眼镜不是好端端地挂在你头顶上吗？

跟着是把约会的时间也忘了。迟到个半天，连对不起也不说一声，本能反应地撒谎："塞车！"

塞车？一个地方住了几十年，还不知道交通的惯律？为什么不预早出门？这个借口荒唐到极点，但也是最多人运用的。对着朋友，为什么不能坦白地："我忘了！"

久而久之，发现借口是那么容易说服对方。塞车的理由用得太多次，换一句："我的祖母撞车，我要送她进医院！"反正祖母已经仙游，不至于咒她早死。

经过一段时间，这些人发现朋友一个个离去，才知道自己的功夫不到家，但已经不懂得回头，只得更正经地：“我永远记在心里，他是永垂不朽的！”

明明知道转头就要挖坟，这些谎言还是那么流行，到了最后，才学会承认自己的记性不好，但也发现另一个真理，那就是记性不好，能够创造更完美的借口：“什么？我有说过50年不变这句话吗？”

兵

操军、阅兵，有时候好看。

整整齐齐、一排排地跨着大步前进，像一堆小铁偶，远观起来，又似蝼蚁相争。

真正打起仗来，血肉横飞，总是丑恶。肉搏只限于落后国家，现代科技已能在电脑上决定用飞弹炸死什么人。但还是那么地残酷。

不如听听进行曲好。开始的时候是在勉励士气，敲鼓击锣，节奏单调得很。最原始的进行曲产自土耳其进攻欧洲时，用的是三种以上的乐器，才有点音乐感。

在 1589 年，法国的 Thoinot Arbeau 为路易十四的军队组织乐团，进行曲才出现了雏形的乐章。后来愈来愈多国家模仿，大音乐家也为进行曲作曲，具代表性的是贝多芬的第三交响曲《Eroica》，到 1900 年美国的约翰·菲腊·第舒沙时最发扬光大，皆成经典。

打仗总得死人，音乐家看见了悲剧，把进行曲送给平民的葬礼，故产生贝多芬死亡进行钢琴奏鸣曲《Opus 26》。

莫扎特也来参加一份，谱出死亡进行曲的《Opus 35》。后来音乐家更觉得整场战争是很荒唐的事，像 Berlioz 便作了《吊颈台进行曲》，还有 Prokofiev 和 Straninsky 都作了许多讽刺性的进行曲。

激昂的进行曲配着整齐的兵队，加上庄严的军装，的确是赏心悦目的享受。像德国军团的操演本来很好，但是加进了纳粹党的恐怖，他们操起兵来脚是笔直的，向前跨一步后重重地踏下，每一步就要践踏一条犹太人的人命，已是惨不忍睹。

重临北角

对着稿纸痴了一个晚上，只字不出。

天已亮，看表，才5点半，听说北角炮台山地铁站对面开了一家福建菜馆，6点钟便营业，即刻乘的士前往。

大门深锁，等了半小时不开，便沿着英皇道散步去也。

“皇都戏院”已封闭，要改商场，这是巨型电影院的命运，它们像恐龙，一只只消灭。好在前面的“新光”还勇敢地挺立，快带儿女们去看戏吧，让他们享受一千数百座戏院的宏伟，给他们留下一个电影可以那么光辉的印象。

王爱明开的“普光斋”素食馆在这里来一家分店。九龙本店的生意，应是不错。还有一间招牌及装修都模仿它的斋铺，开在附近。

再往前走，经过的路人多数是老头子老太婆。还是上了年纪的人辛勤，或者是已经不用花那么长的时间睡眠？由商店的玻璃橱窗中的倒影看到自己，也不是和路人同样岁数？人家说：丹青不知老将至。本人一头华发，心态还年轻，是否有点问题？

小巷中也掺杂了一些新的食肆，招牌写着“好面膳”，以谐音为名，似乎是当今的流行。

再走前去，转入电气道，英军的装备供应处尚在，回归后，会改成什么？

经“柯达公司”，走到丽池。当冯康侯老师住在这里时，我每个星期来上课，对这一带很熟，从前一起去饮茶的馆子仍旧营业，老师仙游，也近21年吧。

北角，没有理由不常来。迫着自己去的是“香港殡仪馆”，生意还是那么兴隆，每天客满。几十年后，也许新的大厦将驱走破落的感觉。我们将会重临，参加自己的葬礼。

根

乘的士，听出司机的口音，问道：“你是不是住北角的？”

“怎么知道的？”五十几岁的对方惊奇。

老一辈的福建人，语言天分不高，除家乡话，说什么也带一个怪腔，再加上有点卷舌，必为印尼语形成，确定他们是印尼福建华侨，他们来了香港，麇集于北角。

为什么有那么大的一批印尼华侨沦落在此地呢？归功于歌舞团。

四十多年前，内地的歌舞团曾经到东南亚去表演。一来就是几百人，租当地最大的场地，连夜准备了布景、服装、道具和灯光。

艺人在台上又跳又唱，雄壮的音乐衬底，左边出现了一片赤光，数百人一起合唱：“东方红，太阳升，中国出了个毛泽东，他为人民谋幸福……”

对没有看过纽约百老汇歌舞剧的儿童们，简直是一场天神下降的表演。

音乐和歌声令人深深地感动，淌下热泪，大家一起拉着手，大力点头：“对，回祖国去！建设新中国的使命，在我们手中。”

我姐姐和哥哥就是其中一分子，收拾了行李第二天要上船，如果不是我奶妈跪在地上喊着要自杀，他们可能现在也住在北角。

现在，他们也可以回到雅加达或泗水，但是，他们决定留在香港。儿女们已经只能操纯正的粤语，不会讲福建话。种在香港的这条根，已经粗壮，要是移植，一定因水土不服而死亡。

本地化

将中文本地化，加了许多粤语的字眼，香港人读起来，当然万分亲切。

但是，一方面，也影响了许多年轻人，让他们写起文章来，外省人看不懂。

我一向认为在写人物对白时，用些“有”或“无”的字眼，是相当的传神，但是在描写情或景上，应该用回原来的中文。

为什么？本地化不好吗？不不不。要有基本的中文认识，再去本地化，也不迟呀。

这就是像学画画，先有素描的基础，进入相似的阶段，再去变成抽象派。不能什么都画不像，一跳就跳到一塌糊涂呀。

写一封求职信，用的都是粤化词句，已经看出你这个人不懂讲国语，你只会用广东话来思考，非常的幼稚。

别以为本地化了就能将信息传达给更多的读者，相反，反让我们的思想变得狭窄。

试想各地文字都本地化，那么我们的读物不是愈来愈少吗？

港台两地，已出现这个现象。从前蒋介石时代，不准台湾人说闽南语，用的中文，香港人还看得懂。

现在什么都本地化了，餐厅广告上说：“台北第一俗。”这个“俗”字，是采用闽南话“便宜”的相同发音字眼，我们怎么看得懂?

不但闽南语，台湾人还用他们老一辈惯用的日本台语，像我们在超级市场看到的即食面“一度赞”，到底是什么意思?

“一度”，是由日语的“一等”演变，“赞”则是闽南口语的“好”。

作者写文章，总希望多一点人阅读，用国语写作，至少出书时可以卖给港台两地，单用本地化文字，最远只能卖到珠江三角洲。

广 告

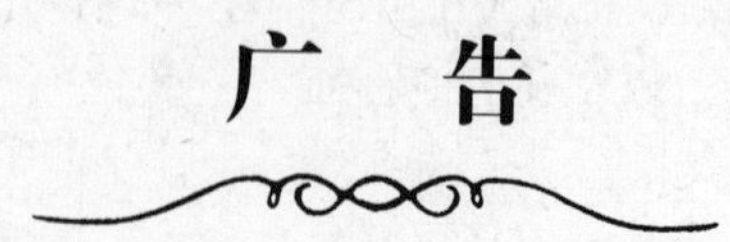

广告的真情假意，一眼望穿。

最愚蠢的是“返屋企吃饭”（回家吃饭）那个吧，什么山珍海味，任何俊男美女的约会都拒绝，要返屋企吃饭（要回家吃饭）？吃你的头！这年代大家要减肥，看到白饭就怕，食米的习惯大为降低，有谁笨到去相信这个广告？

写广告字句的人，也常自以为聪明地说：“这可能是世界上最好的威士忌。”

既然在卖广告，有什么“可能”、“可能”地在质疑自己，最好就最好，最贵就最贵。反正在吹牛，肯定一点好不好？今后各位看到那“可能”的两个字，千万别买它们的产品。出钱请人家，还请到一个“可能”帮你卖东西的笨蛋，这个商品，好极有限。

不过，比起从前的白痴，现在广告的质量已经高出很多，像卖围巾的那个，有个小小的故事，非常温馨。卖啤酒的也拍得好，音乐和大自然糅合在一起。高级生活享受的怀旧广告，也是好广告之一。

广告也跟民族性有关，美国的广告，多数在喊口号，可见他们的文化水准相当肤浅，尤其是卖二手汽车的，老板一定要亲自登场大喊，才来得过瘾。

在美国，不那么硬销的广告，是针对纽约、洛杉矶和芝加哥等大城市，有旁白的是卖给奥克拉荷马、奥哈约等州的。

有时，政客们也要为国家免费拍广告，像疯牛症时，英国领袖大嚼牛扒。有大肠杆菌时，日本首相也来一客雪普雪普。

这些广告，绝对不真，作为促销品，也不成功。

老婆的手皮包也要侍卫去拿的人，自己补衣服，谁会相信？

事 实

外电说：专家发现，最爱说谎的，原来是商店雇员、医务所登记员、政客、新闻从业员、营业代表、律师、心理医生。现代人，平均每天撒谎200次。

这是美国南加州大学一项研究的结果，人们每8分钟便骗人一次。

当然，报道这则消息的也是新闻从业员，可信性有多少，亦是疑问。

人都在说谎，只要不是欺诈或出卖对方，没什么大不了。日本语惯把说谎简称为一个“噓”字。噓也方便，是他们的谚语。的确，有时是为了方便而骗骗人。

见到朋友的女儿，一副看不起人的三角眼，完全像她父亲，长得一点也不可爱，但只有迫自己：“这孩子聪明得很。”

不这么说，说什么？说实话？这小鬼真讨厌！朋友都没得做了！

不过，还有另外一个方法，那就是笑而不语。对方猜不出你在想些什么，我们自己也不必说谎，求个安乐。

这个方法叫做：“我没有骗人，我不过不把资料告诉你。”

“忠言逆耳”这四个字，课本上早已出现，我们为什么非逆、逆、逆不可？又不是那么愤怒了。大家年轻愤怒的时候，也是最听不进劝告的时候。

是的，年轻人最讨厌说谎，看到难看一点的女子，嘴中不逆，表情已经完全显出，所以他们处处碰钉子。老油条一句靓女，骗得女子七颠八倒，真像日本人说的嘘也方便。

专家说：倘若每个人都说真话，肯定成为颠覆分子。

比起“文革”时，说这也不行，说那也不行，我们还是幸福的，继续骗人吧。

谎言，在我们这个年代，是事实。

茶余闲话

一早到古老茶楼吃点心，这家人清晨5点钟已开门。常客之中，这一类的茶楼多数有一个业余讲古佬，看完报纸便把新闻绘形绘色地演绎给周围的茶客听。

“哈，才14岁，就跟男朋友回家去开苞！真是世风日下。”

一位40岁左右的妇人好奇地听着，她身边一位长者打趣地问她：“喂，阿英，认识了你已有20年了，什么时候跟我回家？”

“啐！”阿英诅咒长者，继续听新闻。

“造马案的人愈拉愈多。”编故事好手又变一个话题，“看那个鬼佬骑师恶到哪里去！前些日子，他还得意洋洋地追女明星。”

“是呀，她就住在我们六楼的一等私家病房，患的是子宫外葡萄胎。”一位白衣黑裤、束着髻的中年妇女说。

“她是谁？”阿英问那个建议和她开房的长者。

“就在前面那家高级医院做的，每天现在这个时候放工，就来饮茶。”

“哇。”阿英羡慕到极点，“那家医院的人工可真高！”

讲故事的人大拍桌子：“现在坏蛋抓清了，也是我们赢钱的机会到了，明天跑马，我要赌他一铺大的。”

“赌多少？”旁听者问。

“50。”说故事的人回答。

“50 就算大了？”在医院做的那个中年妇女冷笑后付账走下楼。

阿英走到柜台，向收银的人说：“下次她来，帮我问问她医院还请不请人。”

柜台人摇头：“你自己问吧，她这几天心情不好，儿子生病，只能住公家医院。”

听完，望着那妇人背影，唏嘘不已。

定 义

纯情的少女，看到被男人遗弃的女友，大感同情。

“怎么可以把一个发生过感情，又上过床的伴侣，就那么丢掉?”她说，“要是事情发生在我身上，我一定死去。”

事情发生在她身上了，也死不了，照样活下去，伤心一阵子罢了。

男人抛弃女人的例子听得多，其实女人不要男人的例子，也占了一半。

这位纯情少女，当有一天，再次恋爱时，当然懂得珍惜，不过，忽然她会对这个男人生厌，爱上一个新的。这时候，头也不回，她的绝情，比男人还狠。

“怎么可以把一个发生过感情，又上过床的伴侣，就那么丢掉?”这句对白，现在轮到那个被抛弃的男子说了。纯情少女，做了负心妇，自己从不醒觉。

我们都把在天愿作比翼鸟的故事看得太过天真了，我们年轻的时候，把一切当成美好，永远不存任何疑问地爱上一个人，或者被爱，那是对感情这一回儿事很陌生。

长大了，被人出卖的例子出现了太多次，自己也学会出卖人，人的变心，其实是基本的功能，当成罪恶，是自己太傻。

只剩下我们这群老古董，做事才不会反悔，承担一切后果，当年的诺言，至死不渝地遵守着，我们可以被制成标本，抬进博物馆去开展览，让后人当化石研究。

问当今男女什么是恋爱？他们回答：“新对象一出现，恋爱就停止。”

恋爱的定义，是新的对象还没出现之前的一段脆弱感情，人不变心，是因为新对象还没出现，就是那么简单。他们解释。我们老古董，还是不懂。

舒 服

到千禧年，不过数十日工夫。有人一大早就设计好去东去西。到新西兰的小岛，可以看到最早的日出。

原来这不过是一个没有旅店的地方，只能在那里扎营，于户外开派对庆祝到黎明，但天一阴，看不到太阳也说不定。

到底是怎么一个地方？好奇心令到我也想去一去，决定乘早一游，好过在当天和太多人拥挤在一起。

纽约的时代广场中数钟算秒吧！旅馆乘机抬高价钱，而且冬天的纽约，半夜在露天站个9小时，也够受的。

格林尼治的标准时间中度千禧呢？想起英国的印度人已够多，何必欢迎一张黄色面孔？唉，还是作罢。

总不能呆在香港呀。

本来，查先生一家去澳洲过年，我也打算去凑凑热闹的，但目前计划被迫得有了改变。

事关星港公司和我合办的旅行团，在圣诞节订好北海道的酒店，不能改期。

目前去北海道需于东京或大阪转机，浪费时间颇多，直航的，唯有包机了。

和港龙商量妥，有直飞函馆航机，不过一包就要包3架，才能把成本压低，旅费不必加在团友头上。

所以预备了3团，从圣诞节横跨千禧年，第一团是12

月22日出发，五天四夜，26日返港。第二团26日起飞，30日回来。第三团从1999年12月30日到2000年1月3日。和大家一起在北海道玩玩，也避开了千年虫的骚扰。

这也好，圣诞节和千禧年在豪华酒店中饮香槟隔玻璃欣赏雪景，或到户外扔雪球嬉戏，虽然头上都没顶，浸在温泉中看雪花飘下，也比在荒岛或广场中倒数舒服得多。

字 眼

有些字眼，因为个人立场，绝对不喜欢去用它。

像到牙医处，他拼命用钢钻钻你的牙齿，还一直问："酸不酸？酸不酸？"

他妈的，痛就说痛好了！什么酸不酸？酸你的大头鬼！

地产商们，永远不说地价便宜了，他们只会说地价向下调。调来调去，为什么不肯说跌了？

有时候，也不单单是立场的问题，西方和东方的习惯不同，字眼也就相异。我们永远不肯说：我爱你。因为太过肉麻。我们从来没有爱过人。真可怜。

接吻常以"亲"来代替。外国人说吻我，我们说亲我或惜我。

外国人常说："Let's fuck。"

我们比较隐晦，我们说："来一下。"

有时，他们比较文雅："到你家，还是去我家？"

我们只肯说："去九龙塘？"

年轻人，有自创的一套，像老一辈子的人说："我很想念你。"

年轻人说："我好紧张你。"

这个"紧张"字眼不知道从哪里来的？又不像内地人说："机票很紧张。"

总之，说得顺口就是，你说我说，大家说得多，就成为代名词，原来的字眼从此消失。

有些字眼，从前是不登大雅之堂的，现在每天见报，最普通的就是那个“扑”字。

连去九龙塘也不说了，大家互相望了一眼，说：扑嘢。

报纸上的大标题：“孖女扑老翁”。起初看到，以为语带双关，孪生姐妹和老者发生关系后，吵架起来，用棒子打穿了他的头。但仔细读内容，只有性，与暴力无关，太直接了吧？

推销术

食肆生意难做，一家倒闭了又一家，但是返港后又看到有家新连锁店，卖糖水。

店口站着个年轻人，一味叫喊，招徕客人。有没有人听？不管，照喊不误。

这种情形在日本常见，香港人生活节奏快，没时间停下来听他说什么，不大见效。

怎么又会发生呢？受台湾影响。台湾人又从日本人学回来，再传到香港。

同样情形，一走进日本的食肆，大师傅连小厮同时叫出："Irasshaimase。"台湾人学了，教店员们说："欢迎光临！"

香港人连听都觉得浪费时间，不过，如果有一句"请坐"，还是比不瞅不睬好一点。

招徕术很多，派纸巾包是其中之一。我们去日本永远不必愁没手纸用，要是肯伸手去拿，一天之中得到十包八包是常事。

有一次去东京，患感冒，正要拿纸巾擤鼻涕时，派纸巾包的小鬼坚决不给。"他妈的，真是见鬼！"心中正在咒骂时，见他送了给过路的女人，她们拿在手上嘶嘶笑，我瞄了一眼，原来是在推销鸭店。

见到人家派传单，我是必拿的，尤其是请了一位阿婆。

这些推销员愈早派完传单愈早收工。才得到几个钱，应该同情，加以帮助，但是拿了，看到垃圾桶才可丢掉。

最可怜推销术莫过于打功夫的师傅，以身示范来卖膏药，内地到现在还照样做同样可怜的事。有一家著名的药厂，专卖烫伤药，客人麇集在工厂的小卖部时，女职员走出来，拿一把熨斗烫伤自己的手，然后涂上膏药，伤口明显地收缩，以作示范。

客人看了大不忍心，叫道："我买了，我买了，请你不必再烫伤自己。"女职员无奈地："不要紧，不要紧，我们工厂中的职员都要轮流做这种示范的，我不烫，轮到别人烫，怎么忍心?"

优柔寡断

花生漫画中的查理·布朗，是个个性很优柔寡断的人物。露西经常骂他："Wishsy Washsy。"再好的英文翻译也没有。

优柔寡断潜在于我们每一个人的身上，任何事都一二三地解决的人，并不多。

早上起身吗，再睡一会儿吗？已是一个很难下决策的问题。

上课吗，或是扮肚子痛？从幼稚园开始，儿童已知道优柔寡断是怎么一回儿事。

小学时，考试之前赶通宵死背书，还是去玩更好？

到了初中，同学抽烟，一起抽，还是拒绝他们的好意？

高中已谈恋爱，打电话给女同学，或是等她打来？

出来做事时，炒不炒老板的鱿鱼呢？

老了，病了。死还是不死？

最典型的，一定是莎士比亚笔下的"To be, or not to be"，我们一生最大的苦恼，莫过于太过优柔寡断。

既然我们知道有这个毛病，就要当它是乐趣处理。

先学会做什么事，错了也不后悔，自己的决定嘛。慢慢地，我们的优柔寡断行为就会减少，自信心愈强，决策愈快。

可是，到了星期天，我们就要享受优柔寡断了，出门还是不出门，想了老半天，还是在家好一点。

肚子饿了，吃不吃东西？到餐厅或是自己烧菜？

写稿还是不写稿？看不看电视呢？偷不偷情？读不读书？

结果什么事都没做，躺在沙发中，问自己说："睡不睡觉？"

哈哈哈，优柔寡断，真好玩。

摘花

回家，一大早散步到附近的屋村菜市场，为母亲买一个粽子当早餐。家母的生活习惯也甚奇特，早上爱吃米饭多过食粥。

“粽子的糯米那么难消化！不可多吃，不可多吃！”看到的朋友多数那么劝我，像见了极严重的犯罪行为。

我总是笑嘻嘻地不理别人管闲事，已经 90 岁的老人家，喜欢什么就应该吃什么。

见家母一口口地细嚼，是莫大的享受。再送几口白兰地，味道更佳。

每次与老人家见面，发现身体愈来愈健康，皮肤光亮，是长期吃燕窝的关系吧。弟弟一家人照顾着家母，但各有工作事忙，现在吃燕窝全靠我的谊兄黄汉民处理，每次炖了，早一天放入雪柜，翌日由佣人温热，清早 6 点钟就进食，多年不变。

每天，弟弟带着佣人一起，让家母坐上轮椅，推到屋前的加东公园，将轮椅停在一边，扶家母起身散步。我回家时就参加此项活动，见家母走得一点也不喘气，老怀欢慰，不时问道：“累吗？累吗？”

“不累，不累。”家母回答，中气很足。

在公园做运动的人也不少，有一团学太极剑，还有些打外丹功。路过的有洋人、马来人和印度人，都互相用英语打招呼，来一声“骨特摸灵”。

家佣外劳没什么教养，不瞅不睬，拉着主人的小狗，坐在长凳上，跷起二郎腿。也不能责怪他们，懂礼貌的话，就不必老远地跑到海外打工了。

公园种的一排排叫“水梅”的丛树，开白色小花，5元钱硬币般大，已开得多了，发出浓郁的香味诱人。

虽然会被罚款，但也不理三七二十一，摘下一撮，放在母亲怀里，继续推着轮椅回家。

又是吃吃喝喝

《黑日危机》

几部贺年西片，竟然没有一部好看。

先谈007的《黑日危机》，毛病出在危险说得不清楚，观众毫不关心。

一般的铁金刚片都不必用脑，平铺直述是最保险了，但是此片的手法是一场新戏的开始，观众不知道剧情说些什么，入戏后才明白：啊，原来这件和那件有关联。

这种手法用过无数次，但只适合悬疑片或文艺片，大搞动作的，不必多此一举。

男主角除了辛康纳利，永远是最弱的一环，不必谈它。能令铁金刚突出的，却是片集中的大反派。此片的人物造型，完全模仿Eric Von Stroheim式的永恒悲剧人物：脑中有颗子弹，不觉痛苦，但受尽理想和爱人的折磨，本来应该非常成功，戏却给女反派占去，不够篇幅描写他的残忍。

女反派苏菲·玛素是位资深的法国明星，从十四五岁少女演起，至今也有十几二十年的功力，但洋妞老得快，身材已崩溃，脸露倦态，邪恶不足更是致命伤。

本片还有一个大问题，是导演学足从前的港产功夫片，在剪接方面镜头太短，动作虽剧烈，但一场一场像流水一样溜走，没紧张感，也没让观众喘气。

美国片一向把重要的镜头交代得清清楚楚，英国人就学不到，最后杀死女反派的那一枪，嘣的一声算数，浪费了前面一大段的铺排。

传统的007片，必有小引子，然后才出字幕，此片引子增加至两段，太多了，第一段小里小气，破坏了第二段的高潮。

演M的女角奇丑无比，一味做庄严相，但没说服力。演Q的还是那么风趣，但垂垂老矣，制作者已替他安排一个接班人，怕他死掉，没有想到本人前些时候车祸而亡，再也见不到他，比再也见不到皮雅斯布士南可惜。

笼 子

麦理浩径太过剧烈和无趣，我的散步是雀仔街、花市和九龙城。

志同道合者麇集，各自手上一个鸟笼，逍遥自在，看了好生羡慕。

经过一档人家，上了年纪的商人在修理鸟笼。这种老死的行业，还有人坚持下去。

“不，不，”老人家说，“这个是我自己的，修坏了不要紧。我才不敢替客人做，好些古董贵得要死。”

“你手上这一个呢?”我问，“要多少钱才买得到。”

“很普通，3000 块。”他回答。

那么精巧的功夫，大概是民国初年的手艺。至少做一个月才能完成，以现在的人工计，最低收入 4000 港币，已值得购买。

掏腰包时忽然停住了手，知道这一来就没完没了，下一步是买更旧的鸟笼，换古董银钩，还有那些让鸟儿喝水吃东西的小瓷壶呢，非追求到一两个名人制造的不可。

选什么呢？画眉还是了哥？给它们吃什么东西呢？人工饲料或者活生生的蚱蜢。

买吧！买吧！不养鸟，买个笼子回家去欣赏一下也好。

最主要的，我是一个不爱约束的人。看到关东西的东西就讨厌，怎么会将鸟儿放进去?

年轻时并不懂事，也养过一笼子的小鹦鹉，后来因为忽然要飞韩国替王羽解决他导演的第一部电影的难题，事后回来，鸟儿都饿死，才明白为了工作，自己是没有资格养生物的。

“可以交给菲佣去看管。”小贩好像看穿了我在想些什么。

菲律宾家务助理，虽然说是聘请，另一个看法也是饲养，不过养在一个更大的笼子，即是你的家。

创 意 派

决定以后少到雀仔街去，还是旁边的那条园艺街比较清雅。

花铺林立，但也不见得每一家都不俗气，有些卖染了颜色的花卉，令人恶心。

忽然看到一家刚开门的店，橱窗中摆福禄寿。咦，这不是石湾虞公窑吗？

即刻走进去看其他的制品，虞公窑精致起来手工细腻，坐在白象上的观音，头上胸前珠玉清楚可数，连象身的饰物也有考究。

经过这些基本训练，才能变化出抽象的作品来。虞公窑的人像和花瓶像童体画一样天真烂漫，实在难得。

店中还有各类的盆栽花卉，每一件东西都想捧回去。

一看店名，叫“创意派”，地址是太子道西 168 号。

向店主要了一张卡片，名叫郭浩斌。

“你们的店，是花墟中最有品位的一家。”我说。

郭先生很坦白：“虞公窑的作品裕华百货也有得卖，我自己喜欢，常去石湾，和他们熟了，代理一些。”

“怎么会想到开这么一家店的？”

郭先生说：“我们在花墟一共有三家，卖大众化花卉的由我姐姐打理；卖精品一点的，内人看着；我自己在这里和些志同道合的客人聊天，日子过得快。”

看到另外一些陶器，出自郭先生手笔，做了拿出来卖。我的习惯是人家刚开门，非让人家做成一桩生意不可，选了一小棵叫花冠树的植物，根部露出土上，像一个糯米鸡，非常有趣。另外要了一个虞公窑的佛头，我对从佛像砍下的很厌恶，认为非常不吉利，但是由手工做出的不同，这个观音头表情安详，看得舒服。凡是看得舒服的佛像，都是好的佛像。与佛有缘，你不必找它，它会找你。

倒吊母鸭口水

要是患到什么奇难杂症，我一定跑到九龙城去听父老们的意见，看看他们有什么妙方。像上次患五十肩，就是给针灸名人陈道恩医师一针而治的，奇妙得很。

昨日吃鱼，插了一条鱼骨在喉咙的左边，一吃东西即感痛楚。

“吞一团饭下去，最有效。”茗香的四哥陈展兄说，“或者喝醋，醋能软骨，所以吃鱼翅时一定要配醋，就是这个道理。”

“都试过了。”我说，“不行。”

“还有一个办法，那就是找术士画一张符，人念咒，骨头即消。”他又说。

“好呀，试试看！”我大喜，“但是去哪里找这个人？”

四哥摸摸头，原来他只知道道理，但是不晓得术士在什么地方。

这一会儿，隔壁“荣丰冻肉”之杨先生来店里喝茶，他一听到，就说只有倒吊母鸭的口水，才能医治这一类的顽症。

“倒吊母鸭口水？”我禁不住呼叫出来。

杨先生娓娓道来：“从前凤阳有乞丐来到潮州，他们除了讨饭吃，也都怀有一些绝技，知道当地有个小孩给鱼骨鲠了，便向鸭铺去借一只母鸭来，挤它的口水。卖鸭的当然不肯，说给你弄死了怎么办？孩子的父母赶紧把钱放下，鸭子有什么三长两短，买下来送给乞丐。把一团姜葱塞进鸭子的喉咙，抓起它的双脚倒吊。乞丐把流出的口水让小孩喝了，鱼骨即刻溶化，整家人大喜。”

真想试试看，但是想到那口水首先恶心。

杨先生继续说：“虽然是土方，但现在想起来还有点科学根据。鸭子杂食，田螺壳照吞，但是鸭粪中不见螺壳，所以鸭子的消化系统中有化解硬物的液体，由此证实。”

真有点道理。

阿妈教的

为《饮食男女》拍照，教人煮菜。

编辑部说："借了一个厨房给你示范。"

"哪里？"

我总得问清楚，上次借到一个做西餐的，我买的却是中菜材料，结果临时改变菜式，还好尚能交差，这回不能大意。

"阿一鲍鱼的厨房。"对方说。

我咋舌。

做的只是一些最普通和最便宜、不能登大雅之堂的小菜，去阿一鲍鱼那么高贵的餐厅做，真的找死咩？

"已经没有时间改地方了。"对方命令。

硬着头皮到铜锣湾富临，杨贯一前辈笑脸欢迎，亲切得很，放了一百个心。

"我在这一行做了50年，从来没有看到生意像目前那么坏的情形。"杨先生说，"大家都只会割喉减价，没有其他招数应付。"

我深表同情，也身受其苦。看到阿一鲍鱼生意还是那么兴隆，真为他高兴。

"我派了大师傅帮你，你要什么配料向他要好了，厨房尽管用。"杨先生大方地。

我谢过他，登上电梯，到了四楼的厨房。

大师傅们当我是兄弟，我就不客气了，大剌剌地炒将起来。

要做什么菜，是早上到菜市，看到什么最新鲜的材料，就有灵感去做。当天的茭白笋肥大，决定再去牛肉档，买了一块封门腱切片来炒它。

封门腱这块肉质地细腻，香味十足，比肥牛更好吃，而且炒得老一点或生一点，都不会太硬，是材料好，不是功夫好，做起来不会失败。

下油，先爆茭白，把铁镬的中间拨开，加蒜蓉，至金黄，再放入牛肉兜几下即成。

“我们是分开来炒的，上桌时好看，你这种兜乱做法，样子差些，但绝对入味。”大师傅下评语。

我点头：“阿妈是那么教的。”

吃吃喝喝

到一家新开的食肆，老板亲自招呼客人，菜馔一到，不假他人手捧上桌子。

这种情形是从前看不到的，连 captain 或助理也不肯做，是女侍应的工作。

“租金多少?”和老板交谈起来。

“这么大的一个地方，要算租金那还得了?”老板说，“是和业主分的。做多少生意他抽多少，没有生意，大家捱过难关。”

“用的部长级的人员不少呀!”我观察。

“都是些亲戚，只拿一万块以下人工，从前的高级侍应，都不止。”他说。

香港人真厉害，穷则变，变则通。

业主们好景时租金收得狠，现在吐出来，也是很公平的事。

吃完，觉得菜的水准不错，服务周到，但价钱还是贵了一点，这种地方，大家会来试一阵子，再下去就要往更合理的餐馆钻，再也不回头，潜在着危机。

到另一家超级市场去，价钱明显地比从前低。服装店一年到尾大减价，鞋子更是便宜。

“完了，完了。”经营者大叫。

什么完了?这才是正常呀!

金融大风暴带来不少好处，消费者才醒觉我以前花了多少冤枉钱。

当年住过不少大城市，都是在最贵的时候生活，像东京、汉城、台北。后来在香港落脚，也是疯狂的贵，所以房子到现在还买不起。

算了吧，计一计租金，就算我活到百岁，也不必花那么多钱去购买。

从此安寝无忧吗？再一次的股灾必然出现，也许地震跟着来！

尽可能略为享受一下吧。得到一笔额外的收入，储蓄九成，拿一成来花吧，要不然，你不知道为谁辛苦为谁忙。吃吃喝喝，还是最实在的。

舀 汤

不太喜欢和不熟的朋友应酬，有个主要的原因，那就是和他们吃饭时，大家的习惯摸不清，吃得不过瘾。

像侍者把菜给你看了一下，问道："要不要分?"

又不知道这些人怕不怕染到细菌，只好点点头，结果分完再上，全部冷掉，又分到自己不爱吃的部分，也得连气吞下，很不愉快。

一个红烧蹄膀，要是和好朋友分享，摆在桌上，你一块肉，我一片皮各自撕开，有多好！不喜欢肥腻的可以来蔬菜，浸浸肉汁，也很美味呀。

已说过了，和医生们一起吃饭时，他们证实一碟菜大家用筷子夹食物，染病的机会几乎等于零，把病人呕吐出来的东西吞进口，才会感染的嘛。

一碟菜的旁边放一对公筷，我倒是不反对的，而且还非常遵守这个饮食规则，我还时常把摆在面前的那支银匙当公匙，只舀菜而绝对不放进口呢。

吃饭时，菜不是嫌少，而是怕多。中国菜不像西餐，可以单独来吃，举个例子，西菜一个人吃半边鸡，我们的炸子鸡斩成一块块的哪有只吃一味的？还有别的东西吃呢。

曾经有过一个时期，餐厅中摆了两对筷子，夹菜用和放进口中的。结果吃到一半，大家已经混乱来用，现在已不流行。

鱼翅是一碗碗上的，当然没有问题。把一大碗的芫荽鱼片皮蛋汤分来吃，就要皱眉头。到底是鱼翅好吃，还是鱼汤好吃？我还是选择一大碗大家用汤匙舀汤直接送进嘴里。

小时一家人吃饭，怎么会分？哪来的公筷或双筷？

等到老的死了，年轻人出国，你想一起舀汤来喝，还难呢。

委屈

其实，我喜欢看别人吃东西，多过自己吃东西。

什么都吃，吃得津津有味的相貌，是多么的赏心悦目。

最怕遇到对食物一点兴趣也没有的人，这种人多数言语枯燥，最好敬而远之，不然全身精力都会被他们吸光。

各有选择，我对素食者并不反感，尊重他们的权利，你吃你的斋，我吃我的荤，互不侵犯。

讨厌的是吃斋的人喜欢说教，认为吃无机种植的蔬菜才是上等人，吞脂肪的人像患麻风，非进地狱不可，永不超生。

素食者人数一多，对肉食者群而攻之，凡肉类，都是一切病源的开始。我没有不舒服，好像犯了罪，一定要说到你去看医生。

素食者人数一少，便眼光光地坐在一旁，看别人大鱼大肉，自己便做委屈状：啊！我这个可怜的人，什么东西都没得吃！啊！可怜呀！好可怜呀！

已经专为这种人叫了一碟什么罗汉斋之类的。一上桌，试了一口。咦！怎么这么难吃？从此停筷，继续做他们的委屈状。

当然啰，又不是素菜馆，大师傅烧不惯，像个样子已经算好的了。不吃白不吃！算了，他妈的！

吃素没什么不好，但是强迫儿女也一起吃斋，就是罪过。这些人的儿女长大后，和他们的面孔长得一模一样，面黄肌瘦。可憎。

有一位朋友，不但不吃肉，连蔬菜也不碰，一味喝酒。她一坐下来就向各位声明，不太吃东西，主人不相信，拼命夹菜给她，她只是笑笑，也不拒绝，但不碰就不碰，反正早已告诉过你，不能说我浪费。这种人，什么都不吃，也可爱。

大家一起吃

和转换季节一样，九龙城的食肆亦不停地开店和结束营业。

那么小的一片地方，几条街，已有270多家，叫人目不暇接。

生意并不易做，九龙城住宅不多，所以没有街坊常客，过路的流水客也少，所以午市生意清淡。只有到了晚上餐厅才兴旺，客人都是为了吃，专程而来的。

给客人的印象，九龙城是又便宜又好吃，如果不守着这个原则做生意，则注定失败了。

泰国馆子最多，下来的有马来西亚菜、印度菜、日本料理、韩国烧烤，甚至地中海西餐也有。

中菜以火锅店为主，自从“方荣记”稳定了地位之后，其他火锅店林立，皆因开此种店铺不必靠大师傅之故。

最有特色的是潮菜“创发”，将大排档搬到店里，客人一进门即有数十种煮成的食物摆在眼前，煎鱼的味道更是香喷喷的，引人垂涎，装修倒是很简陋，好朋友才带去吃，没有一个会失望。

“金宝小食”则开在嘉林边道和衙前围道交叉口，已扩大一倍，食物种类很多，海南鸡饭和雪蛤膏做得特别出色。新的“金不换”泰国菜，室内装饰不逊中环尖沙咀的豪华餐厅。

走过一家糖水店，是在深水埗出名的大排档“合成”跑到九龙城来开的，生意兴隆。

忽然有个构想，在狮子石道上有家大型的戏院，丢空已久。如果主人把座位拆除，一大空间，将每一角落都出租给人家开大排档的话，一个月的租金也是不菲的数目。

这时候，将香港的“山窿谢记”鱼档搬来，中环清汤牛腩“九记”也参加，旺角“乐园牛丸王”也来凑热闹，还有数不清的出名店铺都请来集中在此，食客们便有福了。大排档伙计记忆力特强，吃过才算账，不必去学广场排队，真过瘾。

食桌

小时，最喜欢听到“食桌”这两个字，是家中办宴席，大请客人。

前来烧菜的人叫“做桌”，他们搬了种种材料，几个炭炉，和一块大锌板，用来盖屋顶的那种。

先把锌皮铺在草地上，另一边烧起炭来，等炭一红，就摆在锌板上。大师傅拿了一枝猎户用的双叉，串着乳猪，就那么烤将起来。

记得捧着双腮，看大师傅把乳猪转了又转，绝对不会让猪皮烤得起泡。全身熟透，但表皮光滑如镜。

后来在香港吃到的乳猪，皮上都爆得起了芝麻粒绝不光滑，也没有小时尝过的那么好吃。

烤完猪后便把鱼翅分了上桌，当年并不是很贵的东西，吃时一人一大碗，满满地看到尽是翅，不像现代人吃的，有三两条在汤上游泳那么寒酸。翅是红烧，没猪油红烧不成。

蒸鲳鱼为主菜，愈大尾愈好，大师傅把鱼肉片开，但留一部分在骨头上，让汤汁更加入味，鲳鱼上面铺满咸酸菜、中国芹菜、香菇片和红辣椒，但最主要的，还是大量的肥猪油，切成细丝，蒸后溶在鱼肉之中，没有了猪油，绝对不好吃。

蒸后碟中剩下很多汁，除吃鱼，汁当汤喝，虽略咸，但饮酒之人不会抱怨。

也少不了虾枣蟹枣，那是把虾蟹和猪肉剁碎后，用网油包起来炸，再切成粒状上桌。不用网油包的话，已不能叫为枣。

最后，大师傅还会做一大碗的芋泥，当然又是猪油炒出。

总之，潮州人食桌，全是猪油。

最好吃的不是食桌，而是食桌后的那几天，把剩下的东西和春菜一起翻煮，很奇怪地，猪油被春菜一吸而净，看不见浮在上面的那一层，而这碗春菜才是天下美味。鲍参肚，替我站开一边。

蛋白

世界上最普遍的食物，莫过于鸡蛋。

要怎么吃都行，任何形态皆可，鸡蛋能生吃、煮熟、煎、炸、炆、卤；圆的、扁的、碎的，数之不尽。穷人富人，都吃蛋。

第一次接触鸡蛋，是养的母鸡所生，妈妈拾起来交给我。拿在手中，还是暖的。啄一小洞，叫我啜啜。有股腥味，但有营养嘛。当年，有营养的东西并不多。

记忆从 3 岁开始，生日那天，依潮州人习惯，煮个鸡蛋来祝寿。用张红纸沾了水，把颜色涂上，以呈吉祥。

剥了壳，蛋白享受完毕，飞机来轰炸，父母拖着我们的手赶紧逃入防空洞中，剩下的那粒蛋黄，引人垂涎。怎可不吃？顺手一抓，吞进喉中，鲠住，差点呛死。

从此，只吃蛋白，不吃蛋黄。

生鸡蛋现在已没人吃，怕有细菌。只剩下日本人照食不误，他们的早餐有生鸡蛋，打入饭中，捞它一捞，就那么吃下去，真是恐怖。

我连半生熟蛋也不敢碰。妈妈怕我身体弱，加几滴白兰地引诱我吃。果然中计。酒鬼本性，是天生俱来。

不尝此味已久，到新加坡，[illegible]店中还卖半生熟蛋，怀起旧来，要了两个，打在碟中，不吃蛋黄，只吃蛋白，淋上黑漆漆的老抽，加点胡椒。用茶匙舀黏在壳上的蛋白，但可惜每次都煮得太生，蛋白太少，不够喉。

炒蛋的蛋黄倒是可以接受的，菜甫蛋内的更好吃，奄列当早餐也不嫌弃。

引申出去，鸭蛋也不错，做起咸蛋百食不厌，镛记的皮蛋一流。

每天做梦，梦到蛋。到南非去时，到鸵鸟园，摄影组叫我示范蛋料理，就来个茶叶鸵鸟蛋。蛋的花纹比瓷瓶还美，吃得过瘾之至，天下美味也。

比　较

有许多人喜欢问我："你吃过那么多地方的菜，哪一个国家的最好吃？"

我总是一下子回答不出，并非不知答案，只是怕重复太多遍了，想想还可以用什么其他方式来向对方交代，也能满足自己。

例牌的回复有："和朋友一起吃的菜，最好吃了。"这种说法，自己觉得愚蠢，怎么骗得了别人？

只有兜圈子："世界各国，去得最少的是中国内地，有许多省份的菜我都没试过，比较不出。"

"那么以你去过的地方作准，到底是哪一个国家的最好嘛？"朋友不放过我。

"中国和法国。"我说。

对方又作出一个"这是理所当然的答案"的表情，觉得我在敷衍他们。

"那么中国和法国，谁比谁更好？"非打破砂锅不可。

"各有各的好。"我又直接地回答。

爱国心爆棚的对方大怒："当然是中国菜比法国菜好吃，还用得讲吗？"

即然有自己的答案，还要问我干什么？

"意大利菜不好吗？我觉得意大利菜比法国菜好吃得多。"对方又说。

我不否认意大利菜是好吃的，就和不否认日本菜是好吃一样。但是意大利菜和日本菜吃来吃去都是那几样，到底变化没有中国菜和法国菜那么多。

一个国家，要有肥沃的土壤和丰富的农产品，才产生吃的文化。

中国菜好吃，局限于江南和珠江三角洲，其他省份的菜，还是粗糙的；法国地方小，整个国家山明水秀，平均菜式都不错。

法国人是环境造成他们爱吃，中国人是生下来就爱吃，差就差在这里。

华宋饮食

新界好友佳哥，带我去参观万鲤旅馆之后，便驱车到樟木头去吃午饭。

原来从落马洲前往，到皇岗只要 3 分钟，佳哥的好友莫先生有一辆直通房车，一下子过了关，不必受排队之苦。

再行 45 分钟的车，抵达东莞樟木头。

原来一直在电视上卖房地产广告的樟木头就在这里，到处见高楼大厦。

在石龙维多利大厦 212 号，石龙加油站对面，开着一家叫“华宋饮食”的，就是我们特地来到的目的地。

卖的是什么呢？我很高兴不是什么奇珍异兽，也非蛇虫鼠蚁，只是简简单单的客家菜。

樟木头住的客家人多，客家菜一定做得很精彩。问有没有红糟盐焗之类的典型菜式？老板兼大师傅的蔡伟华先生摇摇头：“我们卖的，是父亲教的那几样家庭馔罢了。”

好个家庭馔！先上一碗鸡汤，一看汤渣，像山一般高，仔细研究内容：原来是先将一把原粒胡椒塞进走地鸡的肚中，其中 1/3 的胡椒粒要舂碎，2/3 原粒。

再把整只鸡塞进一个猪肚之中，就那么炖它 4 个小时，其他配料一概不加。

猪肚胡椒汤本来是潮州名菜，和酸菜一起煲的，客家猪肚汤有了一只鸡来代替酸菜，又是另一派。有了鸡，当然比没有鸡更甜美了。

再下来是蒸山瑞。野生的山瑞切成小块，放在荷叶上蒸，也不加其他配料，蒸个 4 分钟已能上桌，清甜到极点。

愈简单愈是上乘，烹调的道理就是朴实。不过话得说回来，用料却要最原始的才做得到。

拿饲料养的鸡或冰冻山瑞，神仙也变不出样来。

王荣记

睡不着，又写不出稿，一大早跑到上环“生记”吃粥，女少东阿芬还是那么亲切，食物和人情味都得到满足感。

捧着肚子走出来，不想即刻回家，周围散步，看到一家老字号，门外挂着竖立的木招牌“王荣记”，记得小时在南洋吃过的咸湿货，是老远地由这家公司输入的。

老板王柏源已是第四代了，亏得他还有兴趣做下去，其他名店子孙早就变卖。

“凉果也算是绿色食品，”王先生说，“丰产时吃不完，腌制起来。阳光、盐、糖，都是自然的，只要依古法炮制，应该是完全没有化学物品掺加里面。”

言下之意，对一般的以化学品速成的凉果有所不满。

“做一包陈皮梅、加应子之类的东西，到底需要多长的时间?”我问。

王先生不厌其烦地解释：“先将橄榄、梅、李和姜等等用盐腌渍，晒干它的水分，再加糖，有些产品要腌两次，第二次加上川贝、八角、丁香、甘草和陈皮熬出来的药汁再浸它一浸，又晒干来调出各种不同的味道，整个过程要半个月。”

唔，想不到那么一包小小的便宜的陈皮梅要花那么长的时间。不过吃这种咸湿货，心中总有晒制中的那群苍蝇的印象。

“我们一直在没有汽车污染的长洲制造。”王先生好像知道我在想什么地说，“盐和糖杀菌力又强，而且我们这块招牌从 1901 年做到现在，也不想砸烂它。”

“还有一个一直想问的问题，为什么叫成凉果，凉在哪里?”

“哦，那是甘草、罗汉果给吃的人生津解渴的感觉，吃了的确有点清凉。”王先生说。

李老四卤鹅

九龙城又创了一个奇迹。

在不到一百尺的铺头外，排了长龙，买“李老四”的卤鹅。

记忆中只有南北行小巷中才有此美味，吃了一片李老四做的，啊，有过之而无不及。卤鹅，还可以那么香的。

早上走过，阿李兄正在准备开档。

“恭喜你了。”我说。

阿李兄谦虚地笑笑：“谢谢。来到香港，总得混口饭吃。”

好个混口饭吃！任何东西，只要做得出色，何止混口饭吃！

“鹅是自己养的吗？”我问，“看电视报道，养鸭的从几百家剩下七八家，鹅更难找吧？”

“你以为我是镛记吗？”阿李兄说，“五丰行运来的鹅罢了。”

当然，做得好的话是不是本地材料不重要，而且内地鹅并不差，我们以为本地东西好，是种偏见罢了。

“一天能卖多少只？”

“平常日子100多，”阿李兄说，“到了过节就能卖300多只了。”

小小的那么一个档铺，主要摆着一块很大的砧板，外围着不锈钢托，防止斩件时卤水汁四溅。阿李兄就那么辛勤地一天从早做到晚，生意愈好，站着的时间愈长，并非每一个人都能做到的事。

潮州卤鹅分两派，传到南洋去的卤汁又黑又浓，老四兄做的是澄海式的，没那么咸，肉较弹牙，两者都香得要命。

阿李兄说：“还是老话一句，完全靠力气。坚持做得原汁原味，不折中。”

那三个不折中的字，可圈可点。

梅粉

一向只吃一味榴莲，近年来开始可以接受一点其他的水果，皆拜赐于一种叫“梅粉”的东西。

任何不够味的生果，撒上些梅粉，即刻变成奇珍异果那么好吃。梅粉是什么做的？说穿了，也不过是糖精和话梅的粉末。

这是台湾人发明的玩意儿，在街边档吃番石榴片时，小贩一定从小瓮中舀出一匙粉末，放在碟边，让顾客去蘸来吃。吃呀吃呀，我吃上瘾来，不可一日无此君。

也不是家家的梅粉都好吃，有些只是一味死甜，并有强烈惹人反感的糖精味，好的梅粉淡淡地不抢主人地位，默默然地在一边协助。那么一丁丁，即可改变水果被人吃了即吐出来的命运，非常伟大。

“我还是喜欢用酱油来点。”朋友说。

那是南洋的吃法，和梅粉根本是两回儿事，热带的小贩在档口上摆了一大玻璃碟，先加砂糖和辣椒片，最后倒入浓黑的酱油，小孩子把切开的水果，如酸得令人掉牙的青芒果片等，往酱油里头蘸，吃起来就又酸、又甜、又咸、又辣，刺激死人。

虽然没有像梅粉那么惹味，但是毕竟用的都是天然的材料，比较健康，梅粉的糖精是化学东西，吃多人会生病。

但是吃西瓜时没有梅粉，便像缺少了些什么，很甜的西瓜就这么吃没问题，遇到淡而无味的，还是要靠梅粉。

台湾制造的梅粉之中，也只有一种最好吃，一罐罐玻璃瓶卖的，叫“古味梅粉”，纸包上还有两颗梅和梅花。并写着古味公司，是一家高品位、个性化、感性、精致、古典和唯美的公司，吃了觉得是名副其实，一点不假。

原则

墨尔本的好友海哥，最近来香港玩，他在那边做大生意，但有意思来港发展。

我即刻建议他应该有个立脚之处，海哥是越南人，如果能开一家越南餐厅，那么城中老友要找他也容易。

有什么比把墨尔本越南城的“勇记”搬来香港更好？这家人独沽一味地卖越南河粉，永无虚席，连澳洲总理要来吃也得排队。

越南河粉很欺负人家吃，主要的是汤，一口喝下去，就知输赢。

“勇记”的汤当然有他们的秘方，但是根据主人说，每天熬一定的分量，多少斤骨和肉，一成不变，卖完最好，卖不完就倒掉。保持新鲜才是大原则。

整个墨尔本有多家“勇记”，不过在维多利亚街越南城中的本店最好。其他店都没有它的味道，如果来香港开分店是否有这种现象？老板方法是一样的，守得住这个原则，就差不了的。

有了好汤底，其他好办。越南粉以牛肉为主，但也变化多端，有生牛、熟牛、牛软骨、牛肉丸、牛肥膏、牛筋等等。至于牛鞭，做得一点异味也没有，非常软熟弹牙，相信吃了会强精的客人更好此道，来碗净牛鞭也满足。

还有一味很补身的，就是用滚烫的汤去撞牛血。冲出之后血凝成花团状，可当豆腐吃，再加大量的金不换的芽菜、葱花下去，十分惹味。

拜神的人可叫鸡肉来代替，“勇记”的生意永远是那么兴隆，老板是海哥的好友。

“在香港开的话，是不是要加多春卷、甘蔗虾之类的菜呢?”有人问。

“勇记”的老板回答：“一样东西如果做得好，已不简单。原来的都不好，要其他菜来辅助生意的话，那别开店，自己在家里做给自己吃算了。”

山 瑞

张小娴去了一趟新加坡，初尝山瑞，惊为天物。介绍过的店铺，原来就在我老家附近，常去帮衬，但并非最好的。

星洲人都知道以前最出名的山瑞在白沙浮，俗称黑街，常有人妖出没的地方。

人妖已被赶走，白沙浮的山瑞档也不知去了哪里？现在做得好的有几家在加冷，有些在从前的新世界附近的惹兰勿刹。白锡熟食中心的#02 – 31 档的“山中宝”，就是其中的一家，是姓汤的人家开的，连电话也没有。

山瑞汤本来应该很浓的，因为山瑞群有很多胶质，喝起汤来有黏黏的感觉。

汤中加药材，更能补身。这次去“山中宝”时遇到一个长者，他说已经光顾了数十年了，我问说旁边也有一档，水准如何？长者说两家人本来是合伙的，现在拆开来做生意，他吃惯了“山中宝”，已不去别的了。

山瑞汤已经要卖到五六或八块钱新币一碗了。如果要吃山瑞的脚，则需付十块或十二块一碗。除了山瑞，这家人还卖草龟，六八或十块一碗。现在港币高，合四十大洋左右。

草龟和山瑞有什么不同？前者是硬壳的，英文叫 Tortoise；后者是软壳，英文名字叫 Turtle，所以忍者龟应该作

《忍者山瑞》才对。哈哈哈。

至于山瑞好吃，还是草龟好吃呢？我问那位长者，也微笑回答："两者加一起，最好吃。"

至今还是恋恋不忘小时在白沙浮吃的山瑞，一小碗，当年一碗面只要两毛半的时候，它已卖一块钱。比起在京都吃的山瑞，各领风骚，不过京都的那家"大市"，一客要卖22500日元，是1350块港币了。

蒸大猪

终于吃到顺德的蒸猪。

一只百多两百斤的大猪，放在一个长方形的大木箱中，两个人抬了出来。众人一看，“哇”的一声，学广东人说：真系唔系嘢小。

猪已去骨，用个架子撑着，底面抹上一层五香粉，皮蒸得软熟，一下刀，很容易就切开。那么大的一只猪，可上 15 桌，每桌两碟，算起来有 20 多件。

吃进口，不感觉到油腻，原来在蒸炊的那七八个小时的过程中，油已全去。

脆皮的烧金猪大家都试过，脂肪剩下不少，但这种蒸大猪连顺德人也不太听过有人提及，实在是一种珍味。

乘船回港时，和船长聊起天来，原来他也是个老饕。

“蒸猪，只能吃头四块。”他说。

讲得也不错，再吞就没那么好吃了。

“如果再切得薄些，可能更好。”另一位友人批评。

我也赞同，不过已失去那种豪迈的滋味。反而认为应该把蒸猪斩成一斤斤的上桌，摆在大碗上，用手抓来大嚼，这才过瘾。

入乡随俗，人家几百年下来的做功和切法，一定有它的道理。第一次尝试，吃原汁原味，好过自己乱来。

当然不止一味蒸猪那么简单，那顿饭还有鲮鱼头尾，中间肉打成鱼蛋，煎煮出来，非常出色。其他的八九种菜，已经饱得记不起来。原来人吃饱了记忆力会完全丧失，也是一件愉快的经验。

顺德菜变化无穷，每一次去都有新发现，当地人还介绍有种叫“污糟鸡”的，名字听起来有点恐怖，但试过的无不赞好。朋友还说：“能在餐厅吃到的，已是普通。家里妈妈烧的，才是顺德美食。”

金不换

带了两团人前后来了日本，接着拍电视特辑，原先以为可以在大阪悠悠闲闲地休息一天。接电视台通告，出席记者招待会，只有赶回香港十多小时。

走的时候乘的是下午6点钟出发的，晚上9点多抵达的飞机，赤鱲角机场愈来愈厉害，服务至上，在半个小时让旅客办完一切，大家走出来时行李已送到，很快地赶到九龙城。

为什么九龙城？上次和公事上有关的人赶到机场来开会，太远太阴功（难为人之意），约大家在九龙城，又方便又可以大吃一顿，何乐不为？

我们在“金不换”谈生意，三两句聊完，我发现愈合得来的交易，需时愈短，如果拉得太长，反而不成功。

想了很久的这顿泰国餐，终于很满足地吃到。在外地，好的中国菜还容易找，泰国菜则除了泰国本地，少有美味的。问题都出在运来的材料不够新鲜。而且地方一远，进口得少，香港的日本菜也是同一道理，尽管人家说在美国澳洲等地吃的日本料理又便宜又好，但是选择少之又少，多是当地能抓到的鱼，不像香港的一些高级餐厅，一个星期运来三四次鱼，比日本的一般小寿司铺进货的次数还多。

“金不换”的老板林洋港是靠进口泰国杂货起家，经营全港最大的泰国货店“昌泰”，开餐馆顺水乘舟，要吃什么有什么。

青咖喱鸡米线中的米线，是早上飞机送到，甜品的千层糕也是进口货。泰国餐厅中的许多女侍应都会自制甜品，只有千层糕不能做好。

整个九龙城中，唯有推举“金不换”的装修做得最高级，林老板对食物水准的要求又高，听说要在港岛开多一家新的。又担心他花在装修上的时间太多，他说用两个月去做。两个月？大家都说太慢，林老板笑着：“已经有进步了，旧的这一家，花了4个月。”

怀 念

自从古先生不再经营九龙城的那家餐厅，我返港后总有一种失落感。

试试别家的虾饺烧卖，怎么都像内地运来的冷冻货？为什么他们不做芫荽鲩鱼片汤呢？连猪肝烧卖都没得吃，只有更早地跑到香港的几家老店。九龙这边，要享受好的饮茶，已经不可能。

60 年代在弥敦道上，一早走进一家宽敞的茶楼，没有冷气，太阳从窗口射入，照到挂着的鸟笼，伙计捧出来的虾饺烧卖蒸气像一层雾，编织着那一条条金黄的光线，加上点心妹的呼叫，这才是饮茶嘛。

最基本的，沏茶不能用茶壶，一定要盅，而且这种平民化地方的茶盅，较一般的宽大，一盅可泡出 3 杯来，才叫过瘾。喝完把盅盖打开，伙计由远处射来的滚水，绝不烫伤客人。此情此景，何处寻觅？

从前回新加坡去，在牛车水一带还有一点点那种味道，不过这几家仅有的老茶楼已逐一消失，希望吉隆坡茨厂街上的尚能生存。

人总不能生活在怀旧中。屈服吧！屈服在茶餐厅里。

一条街上已找到数家，香港人只会开茶餐厅，饮奶茶。寿眉、六安？走开一边，听都没听过。

像草堆的炒面，炸得像发泡胶的油条，厚皮无味的潮州粉馃，如能供应，已算幸运。现在卖的是“出前一丁”即食面，要吃这种东西，不会在家里做吗？人真是那么懒？

年轻人笑嘻嘻地照咽：你这个老古董，懂得什么？当年在弥敦道上的茶楼，坐在一旁的老者望着那冻点心，直叹没从前那么好吃，我望着他：你这个老古董，懂得什么？总有一天，大家都在吃从牙膏挤出来的太空食物时，你们会怀念茶餐厅。

糖斋

冯康侯老师生前很喜欢吃甜，后来干脆把书房改了一个名字，称之“糖斋”。

通常好酒嗜烟的人，对甜的东西一定没有好感。冯老师那时候已经80岁，酒喝不多，但烟照抽得很凶。自己碰到糖果就皱眉头，为什么老师嗜甜，是我一直不能理解的事。

一直没有机会问老人家，只是在外国旅行时总往糖店钻，希望找到一两样老师没有吃过的。带回香港试试，如果喜欢，下回才大量购买来孝敬。

“在珠江艇上饮花酒，几兄弟一下子就把一瓶白兰地干了。”老师说道，“每晚，艇仔的地板，总躺着几个酒瓶尸体。”

这种回忆我也拥有，和倪匡黄霑二兄做《今夜不设防》的节目时，两个钟下来，三人喝两瓶白兰地亦为常事。

黄霑兄已经不喝了，说脚有痛风。倪匡兄虽然宣布自己饮酒的配额已用光，滴酒不沾，但是当我到三藩市去，我们两人还是照喝不误，倪太看在眼里，也不阻止。量，当然大不如前，但啤酒和烈酒一瓶又一瓶。

我一直认为身体中有一个刹车掣，到时到候喝了不舒服，就不去勉强自己，酒一少喝，奇怪得很，开始可以接受雪糕。

各种不同的冰淇淋，看到了就想吃，尤其爱掺着 Baileys 酒的，非吃到肚子痛不罢休。

旅行时坐长途巴士，也会从和尚袋中拿出一包包的糖果。太硬的不是很喜欢，嫌它们要食个老半天才溶解，把它们当骨头咔嚓咔嚓地咬嚼。最爱吃的是黄砂糖，拣其中黑色的硬粒来咬，小时候也不是这么吃过吗？返璞归真罢了。

渐渐了解冯老师爱糖的心态，逝世后糖斋没有人承继，由我来延长吧。老人家曾经写过的糖斋横额，不知落于谁手。今后搜索，找到了可当招牌，这家甜品店，终有一日开张。

鲍鱼的故事

有位极富有的朋友，挥金如土，二十多年前来香港，一定要请客吃鲍鱼。当时的一斤两头鲍还很多，我吃得生厌，只肯用汁捞饭。

现在买两头干鲍，大概要到拍卖行中才找得到。四五头者，已是近十万一斤了，两头的可遇不可求。

另一位朋友为人看相，很准，特别爱好鲍鱼。为一暴发户解开疑难后，此人非常感激，请看相的朋友去海鲜餐馆。

“来个二十头的鲍鱼好不好？”侍者问。

看相的朋友虽然喜欢吃鲍鱼，但从来不知什么叫做几头几头，以为二十头的很厉害，客气地说：“来个两头的好了。”

主人抓破了头，也叫不到餐厅拿两头鲍鱼出来。其实二十头和两头吃起来差那么大吗？两头鲍鱼，如果用蚝油来烧，也是枉然；二十头的煮得好，已是美味。

最基本的做法是用老鸡、火腿、猪皮和猪脚去炆它。火候怎么控制？失败过三四次便能掌握。如果看到大师傅又加蚝油又打粢粉当汁，必为邪道。

当今吃鲍鱼的虚荣已传到内地去，那群蝗虫吃将起来，日本人晒多少干鲍也不够应市。加上海水的污染，野生的大鲍鱼迟早绝种。

这次旅行，有林先生夫妇作伴，林先生说了一个吃鲍鱼的故事：

内地友人一直要请我吃日本极品干鲍，说是某某餐厅有两个头的，我半信半疑地接受邀请。上桌一看，一大一小，样子不像，吃了一口，即刻皱起眉头。

“这种鲍鱼怎么会说是两头极品干鲍？”我问餐厅的Captain：“你们怎么可以这么欺负内地客？”

Captain 懒洋洋地：“绝对没错，是两头鲍。一个罐头里面，两个鲍鱼嘛。”

笋

走过南货店，见冬笋，非常新鲜肥美。

“怎么做?”向店里的人请教，是学习烹调的基本。

“切丝，和腊肉百叶煮汤呀！要不然，做烤麸。上海人这个时候，最爱用它来做油焖笋。”他回答。

“做腌笃鲜不是要用干笋尖吗?”我问。

“笋尖是春天的笋，一长出来就割了，春笋又是另外一个味道，特点是又长又尖。”

“夏天呢？夏天笋又是怎么一个样子?”我好奇地追问。

“夏天飙出来的，都是一些大型的笋。有些很苦，又带刺激喉咙难受的感觉，所以有的是晒成大笋干，像台湾人喜欢吃的那种，有些腌得酸溜溜的，加辣椒油。”他指着架上的玻璃瓶，“会吃上瘾的。”

“台湾有种鲜竹笋，甜得像水果，又爽又脆，煮熟后等凉了，蘸着沙律酱吃，但是我喜欢蘸豉油膏和大蒜蓉，百吃不厌。”

“这种笋卖价贵得要命，我们也进过货，很少客人会出那么高的价钱去买。其实福建也有这一种笋种，就没那么贵。台湾人吃的东西，很多是福建传去的。”

“秋天呢？有没有秋笋的?”

“很奇怪，秋天不长笋。”

“但是一年四季都有笋卖的呀！”我说。

“那是南洋笋，像泰国的天气，一年从头到尾都能长出笋来。不过有些笋不能就那么吃，还要用硫磺浸过。”

“硫磺？我倒是第一次听到。”我说。

“中国人什么方法都想尽了。外国人做梦也没想到。”

“笋应该是最代表东方人的食物了。”我说。

大家都同意这个说法。

秘方

返港，走过南货店，见有臭豆腐的原状出售。有一次买回家自己炸，整间屋的臭气，十天不清，还是作罢。

大豆真是美妙的植物，一见平平无奇，但含有大量的蛋白质、脂肪和糖、维他命 B_1 和 B_2、矿物质等，还可以降胆固醇。

地球纬度差个 2 度，种出来的大豆种类就不同，世上有数不清的大豆种类，有人说大豆是穷人的牛肉，我认为比牛肉还更好吃呢。

9 月左右的新鲜大豆叫枝豆，就那么连壳煮了，撒点盐，用来下酒，是友人对酌的宝贝。

到了 10 月中，田中的豆荚颜色已转褐，摇起来咚咚有声时还不够成熟，但果实颜色金黄，极美。收获期应该在 11 月初，豆子没那么好看。

买 10 月的大豆，冷水浸了一晚，第二天早上就可以放入搅拌机中打磨，当然要加点水。贪心的人水对得太多，挤出来的豆浆就稀了，淡出鸟来。

我的做法是用大量的豆，水下得愈少愈好。搅碎后用一片薄布隔着，挤出浓厚的汁，再煮沸它，就是一杯理想的豆浆。到时如果煮得太厚太浓，再加水也不迟。不明白为什么有人自制豆浆时总觉得不够浓。

要令人觉得你做的豆浆与别不同，还有一种投机的做法，那就是用浓厚的北海道鲜奶来兑。大家喝完后一定向你讨教制豆浆的秘方，你可以微笑不答。

剩下的豆渣，拿去炒出来吃，也是一碟很美味的馐菜。

朋友试了，翘起一边眉头问：“是怎么炒才炒出这个味道？”

其实很简单，把猪油渣也搅拌了，颜色和豆渣一样。混起来，谁也看不出，这时把刚炸好的猪油用大量的红葱片和大蒜蓉爆香，才下锅。用猛火，炸个十几秒，加鱼露，即成。

极品

到“镛记”去，和老板甘健成兄聊天，是一大乐事。

健成兄喜欢喝威士忌，我也是威士忌党，两人一干就一瓶。因为“镛记”以卖烧鹅出名，由大排档开始，到现在自己拥有一座大厦，健成兄念念不忘肥鹅，喝的威士忌是以鹅为标记，他亲热地叫为“雀仔牌”。

店里供应的山珍海味，是一般客人吃的，我们两人的下酒，却是一碟腐乳，两小块，一人一方格，慢慢品尝。能把腐乳做得不咸，是很深的学问。

用筷子夹了一点点，整方东西的1/20左右，放进口中。呀！是那么香，那么滑，堪称天下极品。

一小口腐乳，一大口威士忌，你说一大瓶，不一下子就喝完吗？

再来一块吧，心中那么想，但说不出口。

这块腐乳是甘老先生专用的。健成兄的父亲八九十岁，还很健康，穿着唐衫裤，你到店里去，还能见他老人家在巡场。

有位老师傅是甘老先生的好友，特别为他做的，一次也不过是一小瓶。

健成兄偷偷地拿出来宴客，我还能忍心要多一块吗？

大家听闻有那么神奇的东西，再三向健成兄暗示要试试看，他宁愿拿鲍参肚翅出来请人。再不然，送礼云子，也没献出腐乳来。

礼云子是小蟛蜞的膏。蟛蜞为宁波人和潮州人用来下粥的，只有一个铜板大小，取出其膏集合而成，够名贵吧！

但是，礼云子能以人力物力取之，那方腐乳，则非艺术家制成不可，货稀物少，又是甘老先生所爱，人家常说向小孩子手中抢糖吃，这还情有可原。向老人家手中抢糖吃？罪过罪过，绝不可恕。

烧鹅

和甘健成兄喝威士忌，也不是每次都以名贵的腐乳送酒。其实，有一块普通的炸豆腐，也足够了。

在街市买的方形豆腐，大师傅炸完之后切成 9 小块，皮酥香，肉软滑，非常美味。一碟要卖 60 多块，都是工夫钱。有一次来了一个旧金山客人，一吃就吃了 4 碟，算起来是一笔大数目，心痛死人。哈，说笑罢了，怎吃也吃不穷我。

再不然，最普通最普通的那碟皮蛋，已接近完美。“镛记”的皮蛋永远保持着糖心，有什么秘密？

甘健成兄很坦白，轻描淡写地说：“皮蛋腌制后第 26 天最好吃，我们天天做，每一个第 26 天就拿出来，就此而已。”

还不简单？但是别处的皮蛋哪会算得那么准？早吃了带黄，看了也怕怕；迟吃了实心，不可能保持像“镛记”的状态。

喝完酒，肚子有点空间的话，健成兄就来一客太子捞面请我。

当他父亲主掌店铺时，健成兄还是小子一名。老板的儿子，就被人叫为太子，他做的捞面，以此为名。

上桌时一看，就是那么一团面，什么佐料都没有。学问可大，原来是把整只刚烤好的鹅切开时流出的油来捞。

这碟面，菜单上没有，但是你向侍者要，也能吃到。

赞美了“镛记”那么多，好些朋友吃了店里的烧鹅，都抱怨说：“也许是为你特别做的，我们去吃，也没什么特别，这家人家的水准已是低落！”

每次听到这种话，我一定为“镛记”辩护。先得由了解鹅开始：鹅一年之中，只有清明和重阳前后的一个月才好吃，其他时间都没那么美味。到处都一样，怎能怪“镛记”呢？

学做妙人

岳老爷

每次出门，回来后总听到一些认识的人过世的消息，这一回是老牌导演岳枫。

岳枫我们在邵氏片厂的人都叫他做岳老爷，也真有一副老爷相：头已秃，身材矮小，但非常健壮；戴很深的近视眼镜，笑眯眯的，永远看不到他的眼珠；嘴上不停地抽雪茄，吝啬地吸到很短，却不肯扔掉；会抽雪茄的人，才能领悟，最后那几口，才是最香的。

祖籍龙潭的岳老爷，原名笪子香，是个很稀奇的姓氏。生于1910年7月29日，走的时候加了3岁，超过90，应是笑丧，不必太为他的家人难过。

从前的电影工作者都懂文学，爱电影。对这一行的各个部门都经历过，才选一个岗位。岳老爷学了摄影、冲印、剪辑、场记和副导演之后，才正式导了《中国海的怒潮》，从小学习电影，当年也只有23岁。

接着的四十几年电影生涯中导了79部戏。白光成名之作《荡妇心》就出于其手，也敢用无名的胡金铨为主角，拍了《畸人艳妇》。《燕子贼》一片中，他第一次用打筋斗拍飞檐走壁，是所有的武师们想不到的手法。

当邵氏出品古装巨片时，岳老爷的作品有《白蛇传》、《宝莲灯》和《妲己》等。后来黄梅调没落，武侠片兴起，他拍的《夺魂铃》是一部很出色的打斗片，接着的有《金衣大侠》、《群英会》和《恶虎村》等。

岳老爷思想保持一贯的左倾，邵爵士曾经笑着说："什么剧本一到岳枫手上，总加了一两场农民拿着锄头起义的戏。"

在晚年，岳老爷最大的乐趣是去友人的葬礼，他活得久，见和他喜欢的"挖花"这种游戏的人一个个先走，在葬礼上遇到他，总是笑嘻嘻的，一点也不悲伤，望着上面，说："又一只脚来了。"终于，他也打一份，玩去。

白光

都说过，每次出门，回家后翻阅旧报纸，总有一两个影坛故人逝世的消息。

这一回是白光，我从来不认为她美丽，但是说到女人味，灵秀跃于稿纸上，白光的歌留世的很多，《假正经》、《等着你回来》、《三年》等，年轻人也会唱。那种迷人的低音，只能用空前绝后来形容，蔡琴重唱也唱不出。

只见过白光几次。十多年前香港一班有钱的上海人搞怀旧，特地请她来唱几首歌，这群人当然不像外国佬那样来一个起立敬礼，还一面吃东西一面谈生意。席中夹着几个老八婆交头接耳："已经沙哑得听不进去了。"唉！

当时，很好奇地问爸爸："白光是怎么样的一个女人？"

家父和她一起旅行过几次，算是谈得来的人。老人家回答："一说话大胆得不得了，很真，绝对不假。爆粗口骂人，也不觉她讨厌。"

后来在尖沙咀也遇见过她几次，每一回都互相打招呼。没有介绍，我不知道她怎么认出我，也许有朋友告诉她我是某某人的儿子。

如果我早生数十年，一定被这位前辈迷倒，我一直喜欢至情至性的女人。看白光少年的经历：17 岁时已和"北平学生话剧团"的教授订婚（一说只有 15 岁）。恋爱失败后考取公费赴日本东京女子大学艺术系留学，日语顶呱呱，1942 年开始去上海演唱，并首次当《桃李争春》女主角，战后到香港拍片，成为最有名的女明星，有“一代妖姬”之称。

1953 年嫁了美国飞行员，她干脆叫自己老公为“白毛”。共赴东京，开夜总会，主演东宝的《恋爱蓝灯》，离婚后返港拍片，并当导演，拍了《鲜牡丹》和《接财神》。

这么神奇的一生，所遇男人无数。歌词中的：假惺惺，假惺惺，做人何必假正经？正是针针见肉地击中男人的要害，佩服得五体投地。

忍

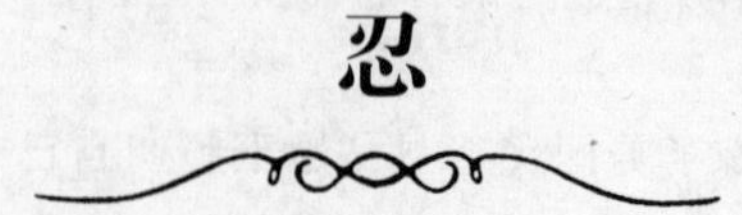

近年甚少看电视，反而这次回家看个饱，陪母亲在客厅坐着，无事做时便开电视。

出现了王沙、野峰的旧片段，那是十年前录的。王沙和野峰这对新加坡最出色的相声人才，当年我在邵氏任职时曾请过他们来香港演出，拍了一系列的《阿牛出城记》电影，大收特收，老一辈观众也许会记得。

拍戏时，野峰好玩，住酒店，方便他快活。王沙则和太太住影城宿舍，夫妻常来家里吃饭，茶余饭后的交谈中，发现王沙做人甚有修养，天南地北话题都搭得上，而且有独特的一套哲学，归结在敦厚上。

野峰赚钱不少，有过数位太太，据说在某方面有过人之处，理财方面则远不如王沙。

晚年，他们的演出愈来愈少，有些观众认为他们的笑话落伍，主要是两人性格不合，时有争执。说也奇怪，全世界的二人合作艺人都有这个毛病，没有一对是能终生结伴的。也许是因为不同，所以才能擦出火花；也因为不同，终于不能互相容忍。

但是，当碰在一起，光辉便产生，看他们的旧时相声，觉得当今的谐星，水准远不及他们两人。

其中一幕出现在老人院，王沙待死老人，野峰来看他。王沙劝野峰说："不如大家移民到英国去。"

“英国?”野峰说，“我们又不会说英语，怎么住得下?”

“那边有许多美女阴神，像林黛、像乐蒂、像玛丽莲·梦露。”王沙说。

野峰大悟：“原来你说的是阴国!”

话题一转，野峰说：“我带了许多婴儿尿片来送你，护士说你尿床，为什么不忍?”

王沙懒洋洋地：“年轻时，尿可忍，气不可忍。年老了，气可忍，尿不可忍。”

神

对李登辉这个人，我有什么好说的呢?

只知道台湾老一派人，留学日本像殖民地人士到伦敦念大学一样，是必须的身份象征。

这群人，都相当地目中无人，但是李登辉不同，他是一位随时领取金像奖最佳男主角的演技派，当“副总统”时低声下气，坐在蒋家皇亲国戚之前，只占椅子一角，蒋家吭一吭声，他即刻能跳了起来，大喊一声：“有。”

所以蒋氏王朝很放心地把一切交给这个本省人。本来本省人属于低一级的，台湾是外江佬的天下，尤其是江浙人。

像鲁迅说的：一阔脸就变。李登辉一登宝座，即将蒋家迫下舞台，如果是早个四五十年，他绝对会把蒋家斩尽杀绝。

大多数的台湾本省人多么渴望有自己一族的领袖，李登辉来得合时，起初“执政”的那几年，的确做过不少好事。

权力一向是最诱人的东西，一旦抓住，谁也不肯放手，李登辉自己家里没有接班人，但也不想有其他接班人。

人才都流失了，对敌党派势力愈来愈强，眼见整个国民党江山就要断送在这个姓李的身上，蒋家遗族，一定又可恨又可惜，又偷偷地欢喜，再明显地无奈。

老李开始公开胡说八道，台湾人民再也不管他，这次竞选，一定完蛋。

但来了这次地震，李登辉可以大撒金钱，国民党有的是。争取民心，让连战做下去，自己垂帘听政。

有一点不得不佩服李登辉的，新闻片上看到他到灾区去，镜头对着他，发生余震，他镇定地说："不要紧张。"

这种情形，谁不怕？只有神不怕，权力抓久的人，都以为自己是神。

离　去

提起桂治洪，也许你一点印象也没有。在香港影坛，或者也没有人记得。

不过，在马来观众的心目中，大家都知道有部叫《Sayang Anaku Sayang》的电影，至今还是卖座最高纪录的保持者，导演就是桂治洪，由我监制。

桂治洪和我，算是最亲密的战友。

他在 1965 年被邵氏派去日本的松竹大船片厂受训，当时他是副导演，我是邵氏公司日本分社的经理。桂治洪比我大 3 岁，但一直当他是弟弟照顾。

返港后，他是最红的副导演，中平康、井上梅次都争相用他。

资格最老、最受日本影坛尊敬的还是岛耕二导演，来香港拍戏，化名为史马山，所导的《海外情歌》由陈厚主演。

陈厚患了癌症，中途去世，换上金峰当男主角，所有戏重拍，岛耕二的合约已满，由桂治洪代替，成为他第一部正式当导演的戏。

接着下来的《成记茶楼》、《大身成》和一连串的香港奇案，有成为新写实主义派的趋向，是又叫好又叫座的戏。

那部马来电影成功之后，我们又南下去开马来功夫片，用一个风景优美的小岛当背景，今天已是著名度假胜地，当年很原始，卫生设备不佳。

我们这些酒鬼没事，桂治洪得了肝炎。

返港后带桂导演去看我那些酒肉朋友的医生。医生问：桂导演，你抽烟？导演摇头。医生问：桂导演，你喝酒？导演摇头。医生问：桂导演，你除了太太之外有没有女朋友？导演摇头。医生说：桂导演，你还是去死吧。

这笑话是我讲来骂他的。桂导演当然没死，活多几十年。在 1999 年 10 月 1 日国庆那天，才离我们而去。

神 奇

忽然接到一个电话。

"我是桂佑铭。"一个陌生的名字，"我爸爸刚刚去世，他说第一个要通知你。"

"你爸爸是谁?"我直接地问。

"桂治洪。"对方说。

惊讶和悲伤同时袭来，我只能说："可以帮你做些什么吗?"

"美国什么都有，仪式也会很简单，请蔡叔叔不用挂心。"

小桂自从在马来西亚染到肝病之后，一直受它的折磨。1991年到台湾去，切去半个肝。1995年复发，成为肝癌，再赴台医疗，采取肝栓塞手术，在大动脉注射药物以堵塞癌细胞扩散，到1999年4月再复发，发现肝之外，肺部也有黑点。妻子早已离他而去。1999年10月1日凌晨3时15分，桂治洪病逝于洛杉矶的家，终年62岁。

生命，对不抽烟不喝酒和没有女朋友的他，实在不太公平。

儿子桂佑铭的样子很像他，当年我们都住在邵氏影城宿舍敦厚楼，7岁大的桂佑铭经常独自跑到我家作客，翘着嘴唇骂人，把父亲的冤屈揽于一身，很可悲，也很可爱。

值得庆幸的是桂治洪移民到美国后开了家薄饼店，下味精，未尝过的墨西哥住民吃得津津有味，生意滔滔。

最后那几年，桂治洪有机会就乘豪华邮轮周游列国。在美国时，常去钓鱼作乐。前年回香港，和我在粗菜馆吃饭，也不管三七二十一地大吃内脏和喝啤酒，说是他最快乐的一晚。

儿子桂佑铭也有30多岁了，做了很多份职业，最后还是深受父亲影响回到电影圈，替李连杰看剧本，做他的跟班。

每次看到故人仙逝，又见他们的儿女长成，生命之连连续续，又无奈，又神奇。

资　料

有关桂治洪的一些资料：

1937 年香港出生，1960 年毕业于台湾国立艺专，成绩优秀，随即给邵氏台湾分公司物色，从此和电影结下不了缘。

1963 年在台湾当潘垒副导演，拍郑佩佩主演的《情人石》，返港后跟何梦华导演，拍《西游记》片集。

受训 7 年之后，才第一次当导演，后来的作品有动作和神怪，很杂。这是当年梦工厂的典型，公司派下什么剧本就拍什么戏。

但从商业中走出自己的路的导演并不多，桂治洪拍的时装片很有时代感，如果研究七八十年代的香港，他的电影中反映得最真实。

桂治洪并没有争取最红明星的习惯，最爱用新人，甘国亮的第一部戏《蛇杀手》是他拍的。用小丑型的韩国材当男主角，其他导演不肯，也只有桂治洪用他拍了《临村大血案》。

拍武侠片，依然是以真实感取胜，陈观泰的《万人斩》一片，气势凌人。

处理喜剧也是他的拿手好戏，用来自新加坡的王沙拍《沙夫子》，是此卡通人物改编最好的一部电影。神怪片中，他用新人思维拍了《鬼眼》，没有什么特技或恶心的镜头，也慑人心魄。

但是看家本领还是写实，邱刚健的剧本《血证》是部经典。《成记茶楼》不用说，纪录片式的香港血案他导得最多，计有《鬼头仔》、《老爷车纵火谋杀案》、《摧花狂人》、《奸魔》、《哑吧》等等。

在邵氏拍的最后一部电影叫《走火炮》，用新人万梓良和吕琇菱当男女主角。1979 年曾用假名拍了《黄金大风暴》，全片在南美多明尼加拍外景，一生导了 39 部戏。

女儿桂佩玲 20 多岁，并非他亲生，逝世后将加州之薄饼店及住屋全部遗留给她。

女同志

上有线的郭锦恩节目，和同性恋的女人大谈她们的经验。

最初出现的是个男子头的人物。

郭锦恩走进化妆室的时候回头对我说："可惜，先给观众一个印象，以为都是同一型的人才搞同性恋。"

"她的女朋友也来了，在外面，漂亮得很，叫她一起出镜。"我说。

"她没答应，还是怕社会的压力。"郭锦恩说，"到现场才硬把她拉出来吧。"

节目分四个部分，到了第三环节，那个女的忍不住了，不用我们游说，自己大方地走到摄影机前面。

"我最初只有男性的朋友，对女人的亲近，也感到不舒服。"她指着身边的伴侣，"后来遇见了她，才知道什么是温柔和体贴，这是以前男朋友从来没有给过我的。变成同性恋，道理就是那么简单。谁对我好，我就爱谁。"

真是回答得爽快直接，我对她很有好感。

轮到观众打电话进来的时间，有一位问道："你是不是在中学的时候开始，已经搞同性恋了？"

这女的反应真快，毫不考虑地回答："为什么是中学？小学不行吗？"

把我们笑得绝倒。

“我有一个女朋友告诉我，她现在和一个女人同居，问我会不会对她另眼相看，我说做什么都比寂寞好。不过后来我问她说是哪一个扮男的，哪一个扮女的，她就笑我对女同性恋的性行为一点也不了解。你们呢？”我问。

那个男人头回答：“同样是女的，不用扮，同时有性高潮。”

郭锦恩问：“那么用不用避孕套？”

那个漂亮的懒洋洋地说：“没有精虫，避什么孕？”

面包店

侄儿的友人，父亲开面包店，他本人留学法国，得大师傅指导，有很深的制面包基础，和几个同学合资开了家面包和蛋糕店。

生意不佳，愁眉苦脸，抱着几盒作品上门讨教，我一向不爱吃这些东西，也乐意为他们一口口试之。

味道还过得去，但是牛角包、朱古力蛋糕、牛油饼似曾相识，外表和大小都不出奇。

“有没有主角？”我问。

“主角？”他翘起一边眉头，好像我这个做叔伯辈的人拍电影拍痴了。

“你一定要有一种很特别的产品，又便宜又好吃，才可以吸引到客人的呀。”我说。

他很聪明，即刻明白：“用什么东西当主角呢？”

“像葡国蛋挞之类的。”我还没说完，他已反问：“但是已经流行过了。”

“我只是举个例子，现在卖得很好的是芝士蛋糕，将来会卷起浪潮可以是绿茶、芥末、山葵的烧饼，一定要创新，但又不失原味，不去试，总得不到答案。”

他抓抓头：“还有什么新主意呢？”

“你想不出，可以先参考别人的，来一趟香港，我带你到各家面包店去，就可以得到一些灵感。”我说。

他听了开始兴奋，我接着说：“要不然再去一下日本，看有排着长龙的店铺就往里面钻，商品成功，一定有些道理。”

“日本那么远！”他感叹。

“那么就来香港好了，才三四个钟头的飞机，票子又便宜。”我苦口婆心。

“唔，”他说，“我考虑一下。”

那是半年前的事了，还没来找我，面包生意大概那么差下去。看看香港的许多平凡的面包店，老板们也是坐在椅子上在考虑中吧。

残废

好友家中有三千金，分别为七八九岁，都长得可爱。

“10年后，我就退休。”他说，“全职看管我的女儿。”

看着他，想起去年过世的哥哥，爱女如命。到了有月事的年龄，哇哇大叫，担心得天就快塌下来的他，闹得不可收拾。

女儿长大要出门，吩咐她说：“10点钟之前一定要回来。”

外国留学后返家，去看电影，吩咐她说：“11点钟之前一定要回来。”

一转眼，女儿已30，还左挑右挑的，这时，大哥吩咐她说：“今晚在朋友家过夜也不要紧。”

爱心、道德观，都是想出来的东西，随时间和环境改变，死守着，烦恼便多了出来。

庆幸自己没有女儿，才能说风凉话，要是有了，说不定门都不让她们踏出一步。

做爸爸的，都是怪物。

所谓的“性生活”，是生活的一部分呀。女儿长成，难道不让她们生活吗？

一直担心她们让人家欺负，把生活变成虐待，自己正常吗？

谁会知道，她们不在欺负别家的儿子？

也许不担心的人，只有外星人吧。

倪匡兄可以和女儿大谈性事，两者哈哈大笑，一个说昨晚大战三百回合，一个说要是我，就大叫大王饶命！这两个人都是外星人。

当今年代，应该担心她们有没有沦落毒海，多过健康的生活。

另一位友人，是黑社会大阿哥，也有俩千金，对我说：“谁去碰到她们一根毛，谁就残废。”

听了毛骨悚然，当年嘴巴无毛，约周围少女，情到浓时在车厢后鬼混，好在她们的父亲都是白领阶级，不然就残废了。

一个鸟人

在九龙城启德道猪油捞饭隔几间店，开了一家叫常记的雀鸟店，我在请朋友吃饭早到时，总喜欢去看小鸟，和店主聊几句。

种类多得不得了，还卖笼子、饮水杯、干粮、小虫等。卖得相当便宜。

“不爱上鸟儿，做不了这一行。”店主告诉我，“从前我是开的士的，还买了另一辆收租，赚的比现在还多。”

“是怎么才会开始喜欢的呢？”我问。

“你看这只画眉，像不像埃及艳后的眼睛？这种天然的化妆术，多么美！”

唔，果然漂亮。

店主继续说：“画眉柔顺起来，会用身体来摩擦你，自古以来有小鸟依人这句话，养了才会明白的。但它一旦发怒，眉毛竖立，由少女转变成一个斗士，非将对方置于死地不可。赌几十万港币一场的斗鸟，用的就是画眉。”

哎，原来他开鸟店，目的是用它们互相残杀——真正爱鸟的人，怎会做得出这回儿事？

店主好像看到我在想些什么，本来可以一句我不斗的来骗我，但他还是老老实实地：“它们生性如此，我养了那么久。如果发现有两只斗性特别强，非赢不可的，才拿去参加比赛，让它发挥生命的价值。”

店外飞来许多野生的麻雀，也撒干粮给它们吃：“我也卖放生雀，这是我最大的收入，也许这些鸟儿是其中一只，它们为我赚过钱，我现在回馈它们。”

看到全身浅紫、红嘴巴、白面颊的文雀，记得这是街边相命师傅用来为客人占卜的鸟儿，真是聪明听话。

店主笑了：“客人总希望抽到一条好签，抽到了会给看相佬多点贴士。原来这种鸟的记忆力特别强，给它啄过的签牢牢记住，所以看相佬把它们啄过的坏签全部丢掉了。”

小笠原

星港旅游的副社长小笠原先生，从前在北海道的洛兰酒店当总经理，爱上香港，年纪大了，就来这里住下。

一般年轻职员对这位老头感到怪趣，他最讨厌鸡，看到人家吃鸡翼鸡脚，即刻倒胃，名副其实地鸡飞狗走。

儿女都大了，北海道的家只剩下他和太太两人，偶尔他归乡，住了两天，对他太太说："我回香港。"

"回去?"贤淑的太太也发了脾气，"回这个字，是什么意思?"

我们首次办北海道的旅行团，都多得他的帮忙，许多酒店经他安排，又便宜又好。当地的旅游业人士很多是他以前的手下，如果调皮捣蛋，小笠原先生便扮起长官，对他们呼呼喝喝，小子们再也不敢出声。虽说是小子，也已经是50岁的人了。

上次去东京，有家很古老的鳗鱼店，环境十分幽雅，专做高级客人生意。

本来不接团体的，正在头痛，原来老板和小笠原先生是老朋友，说什么都行，还打了一个很大的折扣。

这回和查先生来京都，入住皇妃酒店，也是他介绍的，10万日元的套房变成5万，酒店的老板80多岁了，还亲自带他儿子出来欢迎。

"这家旅馆是小笠原帮我设计的。"老板说，"我们是几十年的好友。”

做人的好坏，从经历，从他交的朋友身上可以看到，坐在办公室中是位普通的老头，在朋友之中，他是受敬佩的长者。

星港的老板徐先生是我的同学，现在和他一起做旅游生意，他说对外总需一个名堂，印了一张副社长的名片给我，星港变成有两个副社长。一般的人会产生敌意，但是小笠原先生和我都相敬如宾。可能在我的朋友之中，他也没听过什么坏话。

武器

陪一个女人去买房子，前来介绍的女经纪，身体肥胖。她气吁吁地爬上那小山坡，满脸笑容，看完了一间又一间，我朋友都不满意，最后来到嘉多利山的布力加径，有间楼顶很高的，价钱又便宜，逗留得久一点。

我这个朋友是个名副其实的八婆，常损人不利己酸溜溜讲对方几句，看见那女经纪又气喘如牛的怪样子，她单刀直入地问道："你有没有148磅？"

"哇，请你不要乱讲，我现在哪里有140磅？"女经纪呱呱大叫一轮后说，"我20岁那年已经140了。出来做事，爱吃东西，一年胖1磅，现在160了。"

连那个绷着脸的八婆也给她惹得笑得不停。幽默真是一件大武器，绝对比那两个打破头的男经纪强得多。

我出外景时选工作人员，如果对方能讲一两个笑话，绝对先和他签约，因为我知道一去就是几个月，好笑的人比不好笑的容易相处。

有幽默感的人，做事的成功机会总比别人强，得到的朋友也更多，别以为讲笑话就是轻浮，连做总统也得讲一两个笑话来缓冲紧张的局面，里根和克林顿都使此招。

"你为什么出来做这一行？"八婆又问。

女经纪回答："要养孩子呀，我和我先生离了婚。"

"为什么要离婚？"八婆又不客气地问。

“不能沟通呀，”女经纪说，“他连和哪一个女朋友约会都不肯告诉我。”

我们又笑了。八婆心情好，房子又看得满意，最后她说：“我想和先生商量一下。”

“商量一下也好，”女经纪说，“不过不是每一件事都要老公决定的。我减肥，就从来没有得过他的同意。”

八婆又笑了，交易即成。

登台旋风

一般人印象，以为天皇巨星在外地演唱，从下飞机一直被大批女人包围，唱完之后在酒店中大开性爱派对，几十名裸女排队等着他轮流亲热，羡慕死人也。

现实生活中没有这种艳福。

我亲自陪伴过一些大明星大歌星到处走，得到的经验告诉我，他们是很寂寞的。

到达机场，影迷歌迷拥挤得水泄不通，来者百分之百是丑人，美女才没那么得空，周围男友都来不及应付，怎会到机场去叫嚷？

人一多，汗味难顶，尤其是到了南洋一带，不是因为人挤而昏倒，是因为被臭味熏晕的。

上了车，后面影迷歌迷数轮追踪，有的还乘了电单车，有的包租架巴士，贴得很紧随时车祸，只有直奔酒店，什么地方都去不了。

巨星到任何一个地方，都没有我们平常人那么幸福，明明知道当地的大排档好吃，也绝对去不了。有一个自以为聪明，化了个装，跟我去吃，一坐下便被影迷拆穿包围，百对眼睛盯着，也不光看，挤过来要求拍照要求签名，最后只有放弃吃东西，落荒而逃。

结果在酒店叫菜来吃，都是一些最难下咽的，像三明治之类。虽然有些影迷送上美食，但怕有毒不敢去试。

接着赶去彩排，已不够时间赶回酒店洗澡休息，就在现场等表演，肚子饿了，吃个饭盒算数。拖着个疲倦的身体返回酒店，大堂中又挤满影迷，寸步难移。

可以叫助手去请几个女的来房间玩玩呀！有人会这么想。但是这种东西千万不能试，给当地报馆的狗仔队拍到照片，一世英名尽失。

和周华健在新加坡六星级酒店相聚，你知道我们做些什么吗？打机。别听错，是打游戏机。

退休

"如果你退休的话，会干些什么?"年轻朋友好奇地，"日子难不难过?"

哈哈，要做的事像天上的星星那么多，只要选一两样，已研究不完。

举倪匡兄的例子，养鱼和种花为动态，安静时阅读，多么逍遥！他说："每天轮流替那十几缸鱼换水，累都累死，哪里还有时间说闷？人家配出一屋新种高兴得要命，我这里的新种，至少十几条。"

如果我退休，第一件事是开始雕刻佛像，然后练书法和画画，够我忙的了。

一直不敢去碰，怕上瘾没时间研究的是京剧和相声，可以开始了。音响方面，重温以前听过的古典，直落到爵士和怨曲，一面做其他事，一面听。

把每一天要穿的衣服洗好烫直，一件件挂起来，一日准备两三套，预防忽冷忽热。一向少戴的帽子，不肯用的雨伞，也可以一一收藏，愈买花样愈多。

内衣内裤买最柔软舒服的，这是非常重要，绝对不能忽视，已不必穿名牌跟流行了。

各种钢笔和毛笔的收集也有很浓厚的兴趣，时间不够的话，请古镇煌兄割爱，把他不要的那一批买下来玩玩。

现在用的照完抛弃的相机，愈简便愈好，但退休后可玩回从前发烧时节莱卡、哈苏等等，也许学回自冲自洗自印，自放大。

重新学习下围棋、国际象棋，希望一日与金庸先生下它一局。

家具更是重要，从明朝案椅到意大利沙发，床的研究是至上的，最好像穿梭机上的坐椅，按着了钮，可调节任何一个角度，喊了一声，灯光从不同方向射来。棺材舒不舒服，倒是次要的了。

没想过退休后做些什么，从年轻开始，我已经一直休而退，退而休。

快 乐

太忙的时候，又想不出东西来写，交稿变成苦差事。生日那天，亦非写不可。有什么办法改为乐趣呢？当然是打电话给倪匡兄了。

哈哈哈哈，他大笑四声之后说："我们这里的电视已看到你的节目。"

咦？前个星期天才播出新的，怎么那么快？港美二地同时播吗？

一问之下，原来是去年拍的那一辑。

"看到那碗海胆饭，口水直流，"倪匡兄说，"别的不羡慕，只羡慕那碗海胆饭！不见你的人，报纸上每天接触到你的文章。"倪匡兄说，"看到你坐轮船到俄罗斯，只是睡觉。什么地方不可以睡，要跑到俄罗斯去睡？"

我也笑了，换个话题，我说："高志森和黄霑来找我，要我去做讲座，我说《今夜不设防》到现在已经10年，要我一个人做，不如三个人做。听说你已经拿到了美国公民权，什么地方都可以去了？"

"拿是拿到，什么地方都不想去。"

"那我们搬到三藩市去做，通过人造卫星转来香港。"

"那就义不容辞了。"他笑。

"考到公民权，护照也拿到了吧？"

倪匡笑："隔天就去申请，移民局说付30块美金，要

6 个星期。付多 30 块，6 天就可以拿到。钱真是好东西。”

“你什么地方都不去，6 个星期和 6 天不是一样的吗？”我说。

“过瘾呀。”倪匡兄满足地。

“你的英文那么差，怎么考得过？”

“我已经来了 7 年了！英文怎么会差？”倪匡兄大叫，“移民官问我，你住了 7 年，为什么没出过国，是不是不爱旅行？我回答说：我爱旅行，但更爱美国！移民官马上批准！哈哈哈哈，中国迷汤的厉害，问美国人死未！”

当头一棒

“我们在三藩市也看到你在办旅行团的事。”倪匡兄在电话中说，“收得太便宜了，住得好吃得好，哪有这种价钱?”

“已经比别人贵2000多了。”

“再贵一倍也不要紧，”他说，“参加旅行团最讨厌的就是那些收费低的，我一向认为豪华团有大把人喜欢。”

“香港目前经济不好嘛。”我说。

哈哈哈哈，他大笑：“什么经济不好？大家一风吹草动就喊穷罢了，你随便到街上找一个肥婆来问问，她银行户口至少有200万，叫她们拿百分之一的钱出来玩，只要值得，还是肯花的。”

“最糟糕的还是遇到的日本日元升得那么高！”我说。

“还不是嘛，日本仔怎么搞的?”倪匡兄说，“忽然这个时候才涨！我每天看外汇报道，又起了一块，直代你担心。”

“话说出来，也不能收回的呀。不要紧，顶得顺的。”我说。

“记得下次要收贵些。”他说，“这世界上有名气费这一回儿事的。”

“唔。”我只好这么回答。

“房子买了没有?”他问，“现在跌一半，不过你等它再跌一半才买好了，那才是合理的价钱。”

“现在已经有很多人失业了，再跌的话可能更惨。”

“惨，什么惨？香港人还有17万个菲佣用，怎么叫惨？把这17万人都遣散回去，也还是不叫惨，那17万个家庭主妇都出来做回菲佣的工作，也还是不叫惨。真正的惨，是17万人失业，才叫惨。现在香港人还有无数个手提电话在用，非洲人家里的一个都没有。”

倪匡兄当头一棒，打得真好，当17万家庭主妇，都走去骨场揾嘢（找工）做，香港才是穷。

腰围

最近胖得不像话了，重了几十公斤，如果这些肥肉是行李的话，整天整夜拖着，累都累死。非做些事不可。

看到人家吃药减肥，也想试一试，不过我一向不相信什么真正有效的减肥药。

最有效最自然的减肥法，当然是不吃东西。饿了就瘦，道理就那么简单。倪匡兄曾经说过：“犹太人的集中营里，哪有胖子？”

想起他老人家，就打个电话给他，我们对话的时间最合适，通常是我写稿写到半夜三四点，三藩市那里是中午。

“哈哈哈哈。”倪匡兄开场。

“体重几何？”我们有时会有古人的对白交谈。

“莫谈矣。”他说。

“为何不减？”

“减来给何人看？”他说。

“腰围若干？”

“三十八寸。”

“岂不比香港小姐胸围更巨？”我说。

他笑了：“至少大两寸。”

“裤子更需改之又改？”

“岂不？”倪匡兄说，“旧者已无一可穿，不可再改。”

“买新的呀！”

“谈何容易?”他说。

“买不到一条三十八寸腰围的吗?”我又回到现代语。

“买是买得到的。”倪匡兄叹气。

“愿闻其详。”我说。

“问题出在洋人的尺寸,”他懒洋洋解释,“若是三十八寸腰围,则裤管长得要命,你试到百货公司寻找,何处找着一条腰围三十八寸,而裤脚只有二十七寸的?”

听了绝倒。

点 菜

过几天又要到三藩市去，国泰开始了直航，要我们拍一个特辑。

三藩市香港人去得多，什么唐人街、金门桥，都已是老生常谈。好在我们的节目都是吃吃喝喝，希望拍到一些罕见的片段。

主要目的有那辆直行酒乡 Napa Valley 的“酒车 Wine Train”，这一程路是给老饕享受的，各地方的人都专程来乘这辆吃得最好、喝得最好的火车。

拍完火车，到葡萄园去试各名厂的佳酿。加州酒虽说比不上法国，但是 Opus One 之类的还是喝得过。要求和酿酒人一起在他们的花园里吃饭，意大利后裔的酒商还是保持他们家乡老传统，在树下设一长桌，吃到生火腿时伸手从树上摘下鲜果来搭配，菜一道一道的上，酒喝个不停，一顿午餐，至少 4 个小时。

三藩市市内的日本菜也做得甚有水准，虽然他们不能像香港一样一星期从东京进货 4 次，但是本地油甘鱼很鲜美，也可以介绍一下。

谈到海鲜，渔人码头的做法简直是暴殄天物，一尾大龙虾就那么丢进一大锅滚水中煮个烂熟，有什么烹调技巧可言？

但是如果不懂得烧海鲜，吃生的该没有问题。当今是生蚝最肥美的季节，岂能错过了？

记得有一次也是在11月尾和倪匡兄去吃生蚝。一看菜单，有十几种不同的，英文法文他老兄念不出，用手从头到尾向侍者一指，说一声：“All（全部）。”

把这件事告诉了另一位不懂英文的友人，他依样画葫芦，但此君生性孤寒（寒酸），只指一样，而且认为字愈小愈便宜，侍者看了问一句话，笑得我从椅子上掉下，此君不解，问道：“他说什么？”

我懒洋洋地回答：“侍者问你是不是想叫10巴仙（10%）服务费？”

上网

打电话给倪匡兄，主要想问倪太有没有兴趣过年参加我的旅行团。

倪太听电话，我刚要问她，她已经把电话交给了倪匡兄。倪太一向俭省，还以为国际电话费昂贵，别让我花太多钱。

和倪匡兄一聊，话题又扯到别的地方，我想起要建立网址的事，问他交给别人了没有。

“哈哈哈哈，”他笑后说，“还有人感兴趣吗？没有呀！交给你全权去处理好了。”

“好。”我说，“我来设计一下。”

“你会打 E－mail 吗?”他问。

“我才不会，学来干什么，叫别人代打好了。”我说。

“告诉你，我也不会打 E－mail。”倪匡兄说，“我只是看，从来不参加。现在上网，最主要的目的是不必说真话，完全在骗人，男的变女的，女的变男的，谁都不知道对方长得是怎么一个样子。”

“你不是也在忙上网吗?”我问。

“网上得到的资料是，每一天有 150 万人登记上网，登记的人比率较看的人还多，还有更多的网址，是让人找网址的网址，哈哈哈哈。”

“最近到旺角电脑中心走一走，看到一个手写板，画了一只乌龟，乌龟两个字就跑出来。”我说。

“今后所有上网的人，都会创造出另一套文字来，那就是全世界都通行的象形文字，译出每一个国家的母语，或者连母语都抛弃，天下只用一种象形语言，上起网来就方便了许多。”

“所以我们迟早也要上网，请几个身材好的女秘书 24 小时为你贴身服务，别管人家看不到女秘书长得漂不漂亮，你自己看到就行。”

倪匡兄大乐：“好，好，想想已经过瘾。”

大闸蟹

不愉快事，还是少谈，倪匡兄和我的话题转到大闸蟹。

“原来美国加州的天气，最适合大闸蟹，三藩市附近的小镇上，大闸蟹成群结队地在大马路上跑，引起交通阻塞。”

“你亲眼看到的？”我问。

“电视上看到的。”他说。

“我也看过大群大闸蟹爬满在人家的地下室里，美国八婆去拿红酒时一开灯，吓得大声尖叫，像遇见恐怖片中的怪物。”

“你亲眼看到的？”他问。

“电视上看到的。”我说。

“更厉害的是一些荒废了的工厂，其数目简直惊人，美国政府只有派出大型拖拉车，挖大洞来埋它们，怎么埋也埋不完。”

“有人说是中国人爱吃，偷运了一批进美国吃，吃不完，扔在湖里，一只生几百只，几百只生几万只造成的现象。”我说。

“胡说八道，是大闸蟹的幼苗依附在船底，跟着商船来到美国港口产生的。”倪匡兄收集贝壳时研究海洋生物，他的话有一定的道理。

“大闸蟹不是湖蟹吗？在海水中怎么生存？”我无知地

问。

“和鳗鱼的繁殖一样，鱼苗生在海水中，长大了游上江河交配，老了又回去海水中产卵。”他很有权威性解释。

“美国人不吃，卖给中国人吃好了。”我很直接地反应。

“政府拿去化验，发现大闸蟹体内含有很多细菌。商人老早想到买回去中国卖，政府就是不肯。其实螃蟹怎么会没有细菌？煮熟了细菌都死了，吃了怎么会有毛病？美国人真笨。”我在电话中好像看见他在摇头。